AF542281

JOSÉ EMILIO DEL PINO VIÑUELA

FÚTBOL BASE:
FICHAS PARA LA ENSEÑANZA EN ESCUELAS DE FÚTBOL

6-7 AÑOS

©Copyright: JOSÉ EMILIO DEL PINO VIÑUELA
©Copyright: De la presente Edición, Año 2018 WANCEULEN EDITORIAL

Título: FÚTBOL BASE: FICHAS PARA LA ENSEÑANZA EN ESCUELAS DE FÚTBOL. 6-7 AÑOS
Autor: JOSÉ EMILIO DEL PINO VIÑUELA

Editorial: WANCEULEN EDITORIAL
Sello Editorial: WANCEULEN EDITORIAL DEPORTIVA
Colección: WANCEULEN FÚTBOL FORMATIVO

ISBN (Papel): 978-84-9993-923-0
ISBN (Ebook): 978-84-9993-924-7

Depósito Legal: SE 1578-2018

Impreso en España. 2018

WANCEULEN S.L.
C/ Cristo del Desamparo y Abandono, 56 - 41006 Sevilla
Dirección web: www.wanceuleneditorial.com y www.wanceulen.com
Email: info@wanceuleneditorial.com

Reservados todos los derechos. Queda prohibido reproducir, almacenar en sistemas de recuperación de la información y transmitir parte alguna de esta publicación, cualquiera que sea el medio empleado (electrónico, mecánico, fotocopia, impresión, grabación, etc), sin el permiso de los titulares de los derechos de propiedad intelectual. Cualquier forma de reproducción, distribución, comunicación pública o transformación de esta obra solo puede ser realizada con la autorización de sus titulares, salvo excepción prevista por la ley. Diríjase a CEDRO (Centro Español de Derechos Reprográficos, www.cedro.org) si necesita fotocopiar o escanear algún fragmento de esta obra.

ÍNDICE

INTRODUCCIÓN

Mi casi medio siglo de experiencia como Entrenador de Fútbol de todas las edades, y como Profesor de Educación Física, me aporta una perspectiva privilegiada en cuanto a la evolución del fútbol base en todos sus aspectos. Ello me ha permitido percibir con mucha claridad la disminución en el nivel psicomotor de los jugadores, que van llegando y progresando en las escuelas y clubs de fútbol base.

Esto se debe a que el niño de épocas anteriores desarrollaba las habilidades motrices básicas con más facilidad, ya que el juego y el deporte (más o menos reglado) que realizaba diariamente en la calle, así lo permitía. El repertorio de movimientos de todo tipo (saltos, giros, carreras, lanzamientos...) ejecutados con toda la diversidad de intensidades y movimientos que pueda imaginarse, hacía que el bagaje psicomotor de los niños y adolescentes fuera muy alto, lo que les facilitaba la adaptación a los requerimientos motrices del deporte, tanto en el entrenamiento como en la competición.

Esta colección de fichas de enseñanza/entrenamiento, está sustentada por la experiencia de cerca de 50 años dando clases de Educación Física y entrenando a fútbol a niños de todas las edades. La idea es hacer énfasis en la necesidad del estímulo de las habilidades motrices básicas dentro del desarrollo global del joven jugador de fútbol, recuperar el objetivo de desarrollo psicomotor como un concepto indispensable para la formación de un jugador armónico y coordinado, y que debe formar parte de la planificación de cada temporada.

Concretamente, las actividades para el desarrollo de la psicomotricidad en nuestro deporte, deben hacer énfasis en los siguientes tipos de actividades:

- DESPLAZAMIENTOS: de frente, de espalda, lateral, en diagonal, en slalom, en zig-zag, a la pata coja, en cuadrupedia, de cuclillas...
- LANZAMIENTOS DE OBJETOS: fundamentalmente, como es obvio, con los pies. Pero también con las manos, con la cabeza, con el tronco... para ayudarnos con la coordinación dinámica general, la coordinación segmentaria, y la percepción espacio-temporal.

- SALTOS: de frente, de espaldas, de lado, en diagonal, con pies juntos, a la pata coja, saltando obstáculos, saltar
- GIROS: sobre el eje vertical, con desplazamiento horizontal.
- PERCEPCIÓN de movimientos, trayectorias y distancias, con objetos estáticos, en movimiento,
- EQUILIBRIO estático y dinámico.
- Cambios de ritmo, aceleración y desaceleración.

Las actividades están insertadas dentro de cada sesión de diversa manera: en unos casos en forma de juegos, en otros están encadenadas a acciones técnicas específicas, realizadas con o sin obstáculos o móviles, acciones individuales, en parejas, tríos, grupos... con la idea de ofrecer una variedad en cuanto a estructura y medios.

Cada ficha está dividida en 6 partes, procurándose que en todas las sesiones aparezca siempre la misma distribución:

1.- Número de la Sesión de entrenamiento. Periodo/Semana. Grupo.

2.- Objetivos de sesión en los aspectos físicos, técnicos y tácticos. Material a utilizar. Organización: individuales, por parejas, tríos, grupos...

3.- Animación. Actividades de calentamiento a través de ejercicios y juegos.

4.- Objetivos Físicos. Se desarrolla ejercicios específicos según los objetivos de la sesión.

5.- Objetivos técnicos. Se realizan actividades de acuerdo con los objetivos propuestos.

6.- Objetivos tácticos. Juegos de fútbol encaminados a lograr los objetivos propuestos.

Las fichas están realizadas respetando una coherencia interna en cuanto a la elección de las actividades y su secuenciación, pero invitamos a cada técnico a que, en función de su propia iniciativa, diseñe variantes sobre las actividades propuestas para, así, aumentar el repertorio de actividades disponibles.

La colección FÚTBOL: FICHAS PARA LA ENSEÑANZA EN ESCUELAS DE FÚTBOL, consta de 4 volúmenes que comprenden las edades entre 4 y 11 años, divididos de la siguiente forma:

- FICHAS PARA NIÑOS Y NIÑAS DE 4-5 AÑOS.
- FICHAS PARA NIÑOS Y NIÑAS DE 6-7 AÑOS
- FICHAS PARA NIÑOS Y NIÑAS DE 8-9 AÑOS
- FICHAS PARA NIÑOS Y NIÑAS DE 10-11 AÑOS

En cada volumen se ofrecen soluciones para toda la temporada, unas 28 semanas de entrenamiento a razón de 2 sesiones/semana, lo que suman 28 fichas de trabajo (a razón de 1 ficha por semana), ya que los objetivos y contenidos de cada ficha se repiten en cada una de las dos sesiones semanales con el objetivo de que se afiancen correctamente en el alumno o alumna, ya que el contenido de cada ficha y sus actividades se han diseñado de forma que sean lo suficientemente atractivas y útiles como para que la repetición de las mismas no suponga un inconveniente.

PLANIFICACIÓN DE LA TEMPORADA

6-7 años. MES	1ª SEMANA		2ª SEMANA		3ª SEMANA		4ª SEMANA	
OCTUBRE	Organización de grupos y equipos. Partidos orientados.		Esquema y conocimiento corporal individual y por parejas. Control y toque individual. Colocación terreno juego por puestos. **2ª 1**	Esquema y conocimiento corporal individual y por parejas. Control y toque individual. Colocación terreno juego por puestos. **2ª 2**	Esquema y conocimiento corporal con cuerdas. Control y toque por parejas. Movimientos del equipo en función del balón. **3ª 3**	Esquema y conocimiento corporal con cuerdas. Control y toque por parejas. Movimientos del equipo en función del balón. **3ª 4**	Esquema y conocimiento corporal con aros. Control y toque por tríos. El marcaje en función del balón y portería. **4ª 5**	Esquema y conocimiento corporal con aros. Control y toque por tríos. El marcaje en función del balón y portería. **4ª 6**
NOVIEMBRE	Lateralidad con propio cuerpo y parejas. Control y toque por grupos. El marcaje en función del balón y la portería. **5ª 7**	Lateralidad con propio cuerpo y parejas. Control y toque por grupos. El marcaje en función del balón y la portería. **5ª 8**	Lateralidad con balón individual. Control, toque y conducción individual. Coberturas defensivas. **6ª 9**	Lateralidad con balón individual. Control, toque y conducción individual. Coberturas defensivas. **6ª 10**	Lateralidad con cuerdas individual. Control, toque y conducción por parejas. Coberturas defensivas. **11**	Lateralidad con cuerdas por parejas. Control, toque y conducción por parejas. Coberturas defensivas. **7ª 12**	Lateralidad con aros individual. Control, toque y conducción por tríos. Coberturas y permutas defensivas. **8ª 13**	Lateralidad con aros por parejas. Control, toque y conducción por tríos. Coberturas y permutas defensivas. **8ª 14**
DICIEMBRE	Percepción espacio temporal individual y parejas. Control, toque, conducción y tiro x parejas. Desmarques de apoyo y ruptura. **9ª 15**	Percepción espacio temporal por parejas. Control, toque, conducción y tiro x parejas. Desmarques de apoyo y ruptura. **9ª 16**	Percepción espacio temporal con balón. Control, toque, conducción y tiro x tríos. Desmarques de apoyo y ruptura. **10ª 17**	Percepción espacio temporal con balón. Control, toque, conducción y tiro x tríos. Desmarques de apoyo y ruptura. **10ª 18**	Percepción espacio temporal con cuerdas. Control, toque, conducción y tiro x grupos. Desmarques. **11ª 19**	Percepción espacio temporal con cuerdas. Control, toque, conducción y tiro x grupos. Desmarques de apoyo y ruptura. **11ª 20**	**NAVIDAD**	**NAVIDAD**

6-7 años. MES	1ª SEMANA		2ª SEMANA		3ª SEMANA		4ª SEMANA	
ENERO	**NAVIDAD**	**NAVIDAD**	Equilibrio individual y por parejas. Cabeceo. Repliegue individual. **12ª 21**	Equilibrio individual y por parejas. Cabeceo. Repliegue individual. **12ª 22**	Equilibrio con balón. Cabeceo por parejas Repliegue individual. **13ª 23**	Equilibrio con balón. Cabeceo por parejas. Repliegue individual. **13ª 24**	Desplazamientos por parejas. Cabeceo por tríos. Repliegue individual. **14ª 25**	Desplazamientos por parejas. Cabeceo por tríos. Repliegue individual. **14ª 26**
FEBRERO	Saltos y giros individual y parejas. Cabeceo por grupos. Repliegue colectivo. **15ª 27**	Saltos y giros individual y parejas. Cabeceo por parejas. Repliegue colectivo. **15ª 28**	Saltos y giros con balón. Control y toque por parejas. Repliegue colectivo. **16ª 29**	Saltos y giros con balón. Control y toque por pareja. Repliegue colectivo. **16ª 30**	Saltos y giros con balón x tríos. Control y toque por tríos. Repliegue colectivo. **17ª 31**	Saltos y giros con balón por tríos. Control y toque por tríos. Repliegue colectivo. **17ª 32**	Saltos y giros con cuerda x parejas. Control y toque por grupo. Repliegues individuales y colectivos. **18ª 33**	Saltos y giros con cuerda x parejas. Control y toque por grupos. Repliegues individuales y colectivos. **18ª 34**
MARZO	Coordinación individual. Control, toque y conducción individual. Repliegues individuales y colectivos. **19ª 35**	Coordinación individual. Control toque y conducción individual. Repliegue individuales y colectivos. **19ª 36**	Coordinación por parejas. Control y toque por parejas. Repliegues individuales y colectivos. **20ª 37**	Coordinación por parejas. Control y toque por parejas. Repliegues individuales y colectivos. **20ª 38**	Coordinación con balón. Control, toque y conducción por tríos. Repliegues individuales y colectivos. **21ª 39**	Coordinación con balón. Control, toque y conducción por tríos. Repliegues individuales y colectivos. **21ª 40**	**SEMANA**	**SANTA**

6-7 años. MES	1ª SEMANA		2ª SEMANA		3ª SEMANA		4ª SEMANA	
ABRIL	Técnica de la carrera individual. Control, toque, conducción y tiro por parejas. Temporizaciones defensivas. **22ª 41**	Técnica de la carrera individual. Control, toque, conducción y tiro por parejas. Temporizaciones defensivas. **22ª 42**	Circuito de técnica de la carrera. Control, toque, conducción y tiro por tríos. Temporizaciones defensivas. **23ª 43**	Circuito de técnica de la carrera. Control, toque, conducción y tiro por tríos. Temporizaciones defensivas. **23ª 44**	**FERIA**	**FERIA**	Acondic. General por parejas. Repaso fundamentos técnicos por grupos. Repliegues y temporizaciones. **24ª 45**	Acondic. General por parejas. Repaso fundamentos técnicos por grupos. Repliegues y temporizaciones. **24ª 46**
MAYO	Acond. General por tríos. Repaso fundamentos técnico x tríos. Cambios de orientación. **25ª 47**	Acond. General por tríos. Repaso fundamentos técnicos x tríos. Cambios de orientación. **25ª 48**	Acond. General por grupos. Repaso de fundamentos técnico por grupos. Cambios de orientación. **26ª 49**	Acond. General por grupos. Repaso de fundamentos técnicos por grupos. Espacios libres en ataque. **26ª 50**	Circuito acond. General. Repaso de fundamentos técnico por grupos. Espacios libres en ataque. **51**	Circuito acond. General. Repaso fundamentos técnico por grupos. Espacios libres en ataque. **27ª 52**	Circuito acond. General. Repaso de fundamentos técnico. Paredes. **28ª 53**	Circuito de acond. General. Repaso de fundamentos técnico. Paredes. **28ª 54**

SESIONES

SESIÓN: 1-2	**PERIODO: 2ª Semana.**	**GRUPO: 6-7 años.**

OBJETIVOS:

Físicos: Esquema y conocimiento corporal.
Técnicos: Control y toque.
Tácticos: Colocación terreno juego por puestos.

MATERIAL: Balones, conos y petos.

ORGANIZACIÓN: Individual y parejas.

GRÁFICO	ANIMACIÓN	GRÁFICO
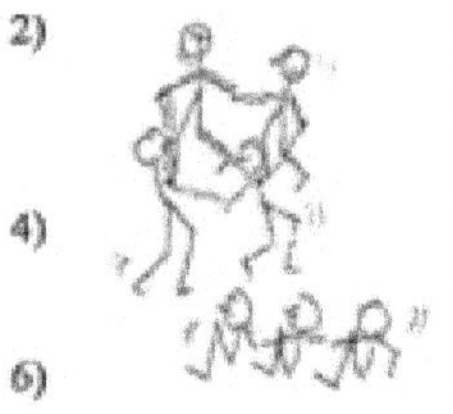 2) 4) 6)	Correr por el campo y a la señal del monitor se agrupan: 1) Por parejas. 2) Grupos de cuatro. 3) Por Tríos. 4) Sentados por tríos. 5) Grupos de 5 en círculos. 6) Grupos de 4 boca arriba.	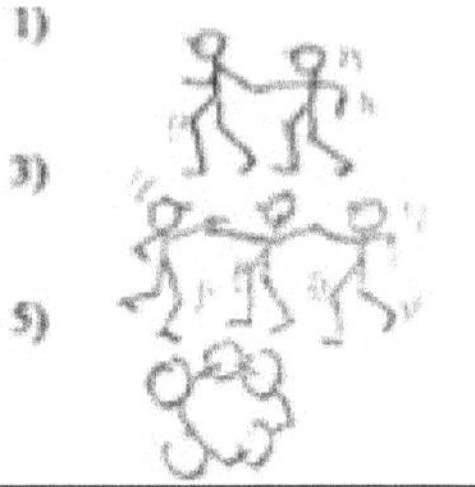 1) 3) 5)
	OBJETIVO FÍSICO	
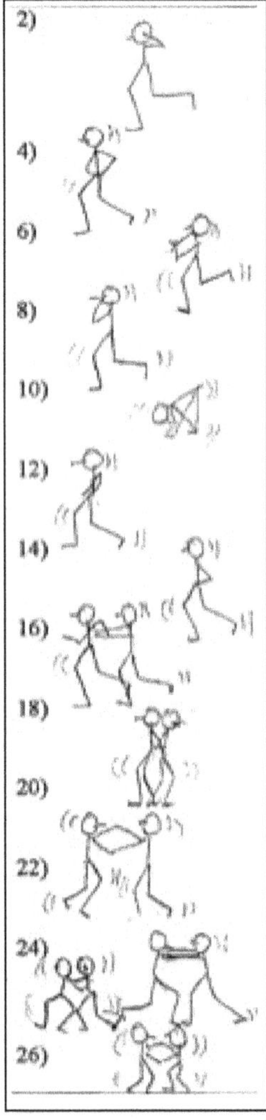 2) 4) 6) 8) 10) 12) 14) 16) 18) 20) 22) 24) 26)	Corren por el campo y a la orden del monitor se ponen las manos en distintas partes del cuerpo: 1) En la cabeza. 2) En las orejas. 3) En las rodillas. 4) En la cintura. 5) En el pecho. 6) En las muñecas. 7) En los hombros. 8) En los ojos. 9) En la boca. 10) En los tobillos. 11) En la frente. 12) En la espalda. 13) En la nuca. 14) En la barriga. Se ponen por parejas y corren uno detrás o al lado de otro con las manos tocando al compañero: 15) En los hombros. 16) En la espalda. 17) En la cintura. 18) Se ponen espalda con espalda. 19) Hombro con hombro. 20) Manos con manos. 21) Planta del pie con planta del pie. Se empujan unos a otros: 22) Con manos en los hombros. 23) Espalda con espalda. 24) Hombro con hombro. 25) Cogidos de las manos. 26) Cogidos de las manos pisar y no ser pisado. 27) Cogido de una mano con la otra golpear al compañero en el trasero.	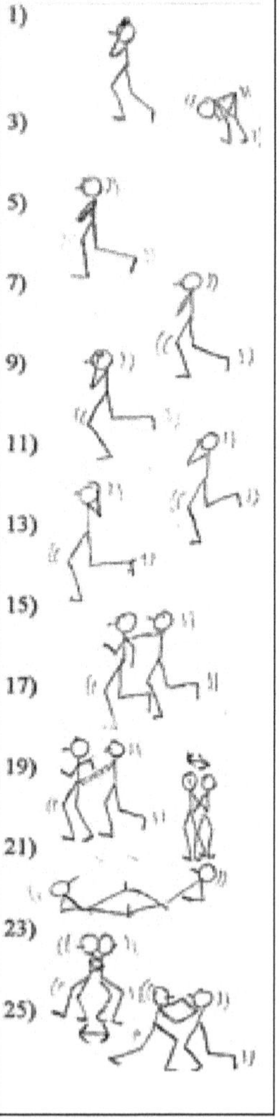 1) 3) 5) 7) 9) 11) 13) 15) 17) 19) 21) 23) 25)

OBJETIVO TÉCNICO

Cada jugador con un balón. En caso de no haber balones suficientes se ponen por parejas. Uno hace el ejercicio y el otro se aparta alternativamente.

1) Elevar el balón con las manos y amortiguarlo con las manos para que bote en el suelo sin fuerza.
2) Hacer lo mismo dejarlo botar y después amortiguarlo.
3) Lo mismo y amortiguarlo sin bote.

4) Dejar botar el balón y elevarlo con el pie y cogerlo con las manos por encima de la cabeza.
5) Hacer lo mismo y cogerlo con las manos lo más cerca posible del suelo.
6) Hacer lo mismo y amortiguarlo con las manos.
7) Igual amortiguándolo después de un bote.
8) Igual sin botar.

9) Dar toques sucesivos con el pie después de un bote cada contacto con el balón. (Secuencia toque-bote-toque-bote...)
10) Hacer lo mismo con la pierna menos dominante.
11) Lo mismo alternando una y otra pierna.

12) Lo mismo con dos toques entre bote y bote. (Dos toques-bote-dos toques-bote...)
13) Alternar toques bajo que no lleguen por encima de la cintura con toque que suban por encima de la cabeza.
14) Dar toques sucesivos con el muslo cogiendo el balón con las manos.
15) Lo mismo dando dos toques antes de coger el balón con las manos.

Se hacen dos grupos y juegan un rondo con estas características:

a) Se pasa el balón con las manos sin que toque el suelo. Se queda el que la pierda o se le caiga el balón al suelo.

b) Se controla el balón con las manos y se pasa el balón de volea con el pie.

c) Se controla y pasa el balón con el pie a tres toques como máximo.

OBJETIVO TÁCTICO

Colocar a los jugadores por puestos quedando diferenciados el portero, los defensas, medios y delanteros.

Todos deben colaborar en defender cuando no se tiene el balón y en atacar cunado se tiene.

El portero es el primer atacante y el último defensor.

Al acabar las jugadas todos deben volver a su punto de partida.

SESIÓN: 3-4	PERIODO: 3ª Semana.	GRUPO: 6-7 años.
OBJETIVOS: Físicos: Esquema y conocimiento corporal. Técnicos: Control y toque por parejas. Tácticos: Movimientos del equipo en función del balón. **MATERIAL: Cuerdas, balones, conos y petos.** **ORGANIZACIÓN: Por parejas.**		
GRÁFICO	**ANIMACIÓN**	**GRÁFICO**
2) 4) 6)	Las cuerdas se colocan en el suelo ocupando todo el espacio. Los jugadores corren libremente y a la señal del monitor: 1) Saltan las cuerdas sin pisarlas. 2) La saltan con los pies juntos. 3) A la pata coja. 4) Saltan con una pierna y caen con otra. 5) La saltan dos veces lateralmente. 6) Dando media vuelta en el aire.	1) 3) 5)
	OBJETIVO FÍSICO	
2) 4) 6) 8) 10) 12) 14) 16)	Cada jugador lleva una cuerda doblada en varias veces en las manos y corren por el campo. A la señal del monitor: 1) La llevan en la mano derecha. 2) En la mano izquierda. 3) En el cuello como una bufanda. 4) Liada en el brazo izquierdo. 5) Liada en el brazo derecho. 6) Sobre la cabeza. 7) Cogiéndola por las dos puntas la hacen girar sobre su cabeza como las aspas de un helicóptero. 8) Girándola por delante como las hélices de un avión. 9) Tirar la cuerda hacia arriba y cogerla con las dos manos sin que caiga al suelo. 10) Igual con una mano. 11) Tirarla hacia arriba y cogerla con el pie. 12) Igual con cualquier parte del cuerpo. 13) Igual y cogerla lo más cerca posible del suelo. 14) Igual y cogerla sentado. 15) Hacer la culebra corriendo hacia atrás. 16) Liarse la cuerda al cuerpo girando el mismo. 17) Saltar la comba.	1) 3) 5) 7) 9) 11) 13) 15) 17)

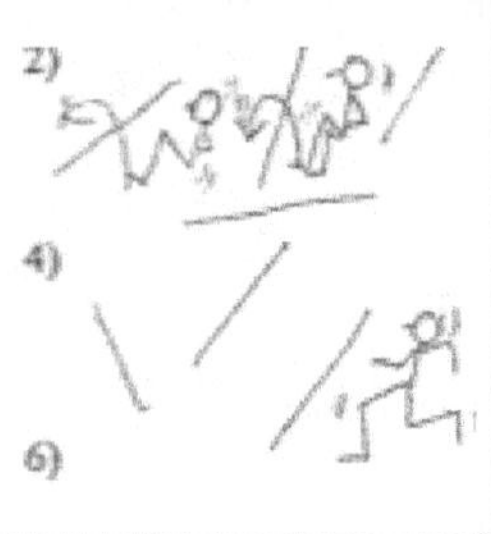

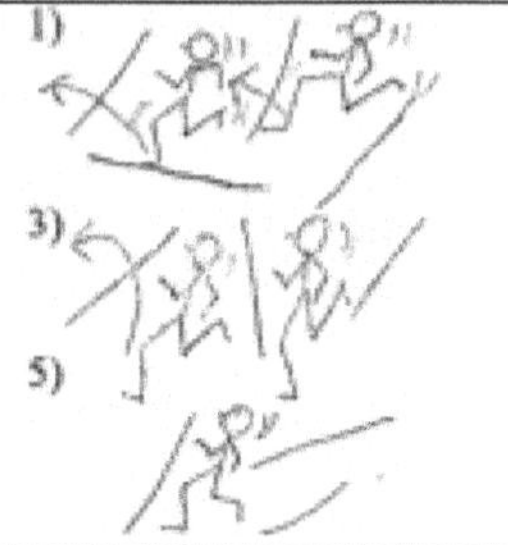

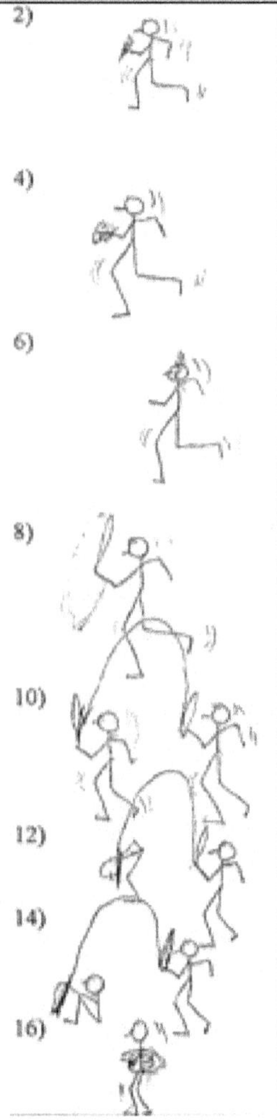

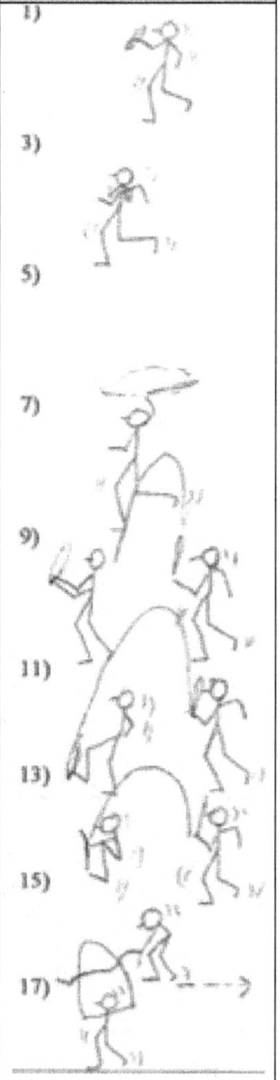

	OBJETIVO TÉCNICO	
2)  4)  6)  8)  10) 	Los jugadores se colocan uno delante de otro según el gráfico y realizan: 1) Se pasan el balón realizando control y pase. 2) Igual uno realiza control y toque y el otro toca a la primera. 3) Los dos tocan a la primera. 4) Se lanza el balón hacia arriba con las manos, se amortigua también con las manos y se pasa al compañero que realiza lo mismo. 5) Se lanza hacia arriba, se deja botar, se amortigua y se pasa al compañero. 6) Se lanza hacia arriba, se amortigua con el pie y se pasa. 7) Pasarse el balón después de dar varios toques en el aire. 8) Pasar el balón al compañero después de un bote. 9) Se pasan el balón mientras se desplazan hacia adelante y hacia atrás. 10) Se pasan el balón desplazándose lateralmente.	1)  3)  5)  7)  9)  
	OBJETIVO TÁCTICO	
	Movimientos de los jugadores del equipo en función del balón. Basculando de banda a banda y de atrás hacia delante según donde se encuentre el balón.	

SESIÓN: 5-6	PERIODO: 4ª Semana.	GRUPO: 6-7 años.
OBJETIVOS: Físicos: Esquema y conocimiento corporal. Técnicos: Control y toque por tríos. Tácticos: El marcaje en función del balón. **MATERIAL: Balones, aros, conos y petos.** **ORGANIZACIÓN: Por tríos.**		
GRÁFICO	**ANIMACIÓN**	**GRÁFICO**
2) 4) 6)	Se colocan los aros repartidos por el campo y los jugadores corren libremente; a la señal del monitor realizan: 1) Saltar los aros sin tocarlos. 2) Dar un salto pisando el interior del aro con un pie. 3) Saltar el aro dando media vuelta en el aire. 4) Saltar desde dentro con los pies juntos. 5) Tocar el aro flexionado las piernas con la mano derecha. 6) Igual con la mano izquierda. 7) Hacer flexión de piernas dentro del aro y saltar hacia fuera.	1) 3) 5) 7)
	OBJETIVO FÍSICO	
2) 4) 6) 8) 10) 12) 14)	Cada jugador corre por el campo con un aro en las manos y hará según indique el monitor: 1) Cogidos con las dos manos a la altura del pecho como el volante de un coche. 2) Igual por encima de la cabeza. 3) Igual por la espalda. 4) Metido por la cintura. 5) A la altura del cuello. 6) Llevando el aro con una mano por encima de la cabeza. 7) Llevando el aro a la altura del suelo. 8) Cambiando el aro continuamente de manos. 9) Parar, dejar el aro en el suelo y ponerse dentro e pie. 10) Igual sentado. 11) Igual boca abajo. 12) Igual de rodillas. 13) Igual boca abajo.	1) 3) 5) 7) 9) 11) 13)

16)	14) Igual agachados. 15) Sentado con los pies fuera del aro y el cuerpo dentro. 16) Dentro con los pies en el aire.	16)
	OBJETIVO TÉCNICO	
2) 4) 6)	Los jugadores se colocan según el gráfico: 1) Se pasan el balón realizando control y toque intercambiando de posiciones. 2) Alternan control y toque con toque a la primera. 3) Se pasan el balón a primer toque. 4) Se coloca uno en medio que recibe el balón de los compañeros, realiza un control orientado y pasa y recibe de uno y del otro. (Se coloca lateralmente para realizar los controles.) 5) El del centro realiza paredes de manera sucesivas con sus compañeros de los extremos. 6) Forman un triángulo y controla el balón orientándolo en dirección del pase. (Al cabo de un tiempo se cambia de sentido.) 7) Uno recibe y pasa el balón a los dos compañeros según el gráfico.	1) 3) 5) 7) 8)
	OBJETIVO TÁCTICO	
2)	El marcaje en función del balón. Tener en cuenta: 1) Colocarse siempre entre la portería y el adversario. 2) Más cerca y más lejos en función de lo cerca o lejos que esté el balón de la portería.	1)

SESIÓN: 7-8	**PERIODO: 5ª Semana**	**GRUPO: 6-7 años.**
OBJETIVOS: Físicos: Lateralidad Técnicos: Control y toque. Tácticos: El marcaje en función del balón y portería. **MATERIAL: Balones, conos y petos.** **ORGANIZACIÓN: Individual, parejas y grupos.**		
GRÁFICO	**ANIMACIÓN**	**GRÁFICO**
	Juego: Tú la llevas. Según el número de jugadores se "quedan" uno o dos que llevarán un peto en las manos. Perseguirán a los compañeros y al tocarlos les traspasará el peto para seguir el juego.	
	OBJETIVO FÍSICO	
6)  8) 	Se forman grupos de 4 jugadores. 1) Corren uno detrás de otro con la mano derecha en el hombro del compañero de delante y a la señal del monitor el primero se pone último. 2) Corren de la misma manera con la mano izquierda. 3) De igual manera con la mano derecha en el hombro del compañero a la señal el último se pone primero saliendo por la derecha. 4) Igual que el anterior con la mano izquierda y adelantando por la izquierda. 5) Se paran y guardando cierta distancia el último pasa en slalon hasta la primera posición. 6) Lo mismo corriendo lateralmente. 7) Igual corriendo hacia atrás. 8) Uno detrás del otro y con las piernas abiertas, el último se pone primero pasando por debajo de las piernas de los compañeros. 9) Formando un círculo cogidos por las manos se desplazan girando unas veces en un sentido y otras en sentido contrario. 10) Forman un círculo como anteriormente mirando hacia fuera y realizar los giros y desplazamientos anteriores.	1)  3)  5)  7)  9) 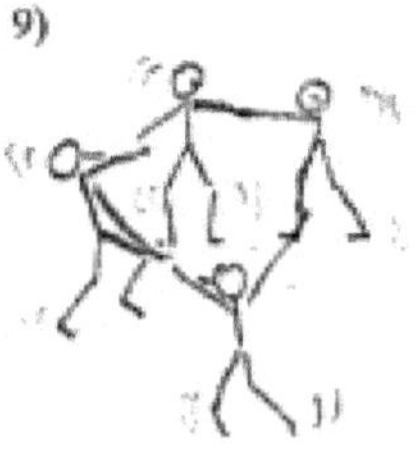
	OBJETIVO TÉCNICO	
2)	En grupos de 4 se colocan según el gráfico: 1) Control y toque con cambios de posición. 2) Alternar control y toque con toque a la primera.	1) 

4) 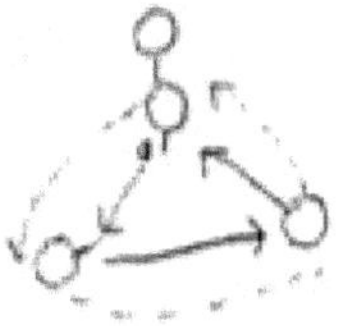 10) 	3) Tocando a la primera que grupo toca más veces el balón en 1 minuto. (Los jugadores cuentan los toques en voz alta) 4) Formando un triángulo con dos en un vértice y uno en los otros dos; se pasan el balón con control y toque y cambio de posición. 5) Lo mismo cambiando de sentido. 6) Alternar control y toque con toque a la primera. 7) Igual con cambio de sentido. 8) Lo anterior al primer toque. 9) Igual con cambio de sentido. 10) Alternando manos y pies uno lo pasa con las manos y el compañero lo toca con el pie después de un bote. 11) Lo mismo sin que bote el balón.	3)
	OBJETIVO TÁCTICO	
	El marcaje en función del balón y de la portería. Situación y distancia. 1) Siempre entre la portería y el jugador contrario. 2) Más cerca a poca distancia de la portería y más distancia más lejos.	

SESIÓN: 9-10	PERIODO: 6ª Semana.	GRUPO: 6-7 años.
OBJETIVOS: Físicos: Lateralidad. Técnicos: Control, toque y conducción. Tácticos: Coberturas defensivas. **MATERIAL: Balones, conos y petos.** **ORGANIZACIÓN: Individual.**		
GRÁFICO	**ANIMACIÓN**	**GRÁFICO**
2)  4)  6) 	Corren libremente por el campo y a la señal del monitor se ponen: 1) Por parejas. 2) Por tríos, 3) Grupos de 4. 4) Grupos de 5 formando un círculo. 5) Grupos de 3 uno detrás de otro. 6) Por parejas sentados uno frente a otro. 7) Por tríos formando un triángulo.	1)  3) 5)  7) 
	OBJETIVO FÍSICO	
2)  4)  6)  8)  10)  12) 14) 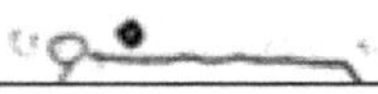	Cada jugador tiene un balón y se desplazan por el campo realizando lo siguiente: 1) Botar el balón con la mano derecha. 2) Botar con la mano izquierda. 3) De pie detrás del balón. 4) De pie delante del balón. 5) Sentado al lado del balón. 6) Sentado con el balón a la derecha. 7) De pie con el balón a la izquierda. 8) Boca abajo detrás del balón. 9) Boca arriba con el balón en los pies. 10) Boca abajo con el balón encima de la cabeza. 11) Boca abajo con el balón a la izquierda. 12) Boca arriba con el balón encima del cuerpo. 13) Tumbado detrás del balón. 14) Boca abajo con el balón a la derecha.	1)  3)  5)  7)  9)  11) 13) 

	OBJETIVO TÉCNICO	
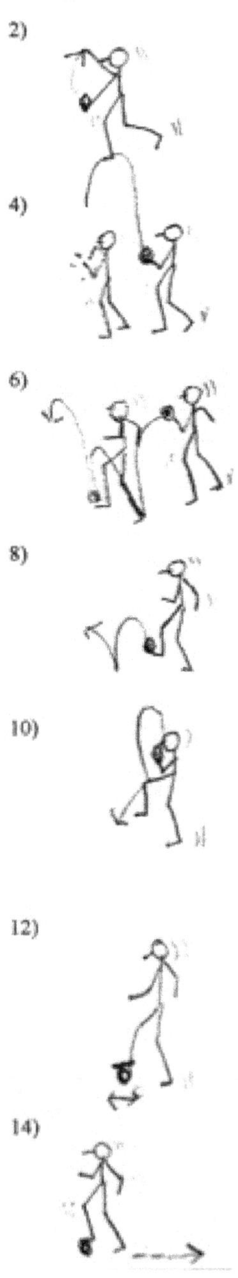 2) 4) 6) 8) 10) 12) 14)	1) Desplazarse corriendo con el brazo extendido y el balón en la palma de la mano. 2) Cambiar el balón de una mano a otra. 3) Lanzar el balón hacia arriba y recogerlo antes de que caiga al suelo. 4) Igual y cogerlo después de dar una palmada. 5) Conducir el balón sin tropezar con los compañeros. 6) Dejar botar el balón y tocarlo con el pie para recogerlo con las manos antes de que bote en el suelo. 7) Lo mismo sin bote previo. 8) Dar pequeños toques con el pie después de botar en el suelo. (Secuencia toque, bote, toque, bote...) 9) Lanzar el balón hacia arriba y amortiguarlo con el pie. 10) Lanzar el balón hacia arriba y amortiguarlo con el muslo. 11) Lanza el balón hacia arriba y amortiguarlo con el pecho. 12) Pisar el balón con el pie y deslizarlo por la planta desde la puntera al talón y viceversa. (con los dos pies) 13) Lo mismo deslizando el balón lateralmente del dedo pulgar al meñique de ambos pies. 14) Desplazarse pisando el balón hacia atrás. 15) Desplazarse pisando el balón lateralmente.	 1) 3) 5) 7) 9) 11) 13) 15)
	OBJETIVO TÁCTICO	
	Coberturas defensivas. Iniciarlo en la forma de ayudar a los compañeros cuando son desbordados por el adversario. Enseñarles a colocarse detrás del compañero que hace una entrada al rival que lleva el balón.	

<table>
<tr><th>SESIÓN: 11-12</th><th>PERIODO: 7ª Semana</th><th>GRUPO: 6-7 años.</th></tr>
<tr><td colspan="3">OBJETIVOS:
Físicos: Lateralidad.
Técnicos: Control, toque y conducción.
Tácticos: Coberturas defensivas.
MATERIAL: Cuerdas, balones, conos y petos.
ORGANIZACIÓN: Por parejas.</td></tr>
<tr><th>GRÁFICO</th><th>ANIMACIÓN</th><th>GRÁFICO</th></tr>
<tr><td></td><td>Juego: La piraña.
Los jugadores se sitúan en la línea de fondo. El se "queda" se coloca en la mitad del campo. A la señal del monitor deben atravesar el campo sin ser cogidos. El que lo sea, se añadirá al compañero y así sucesivamente. Ganan los que después de varias veces no sean atrapados.</td><td> 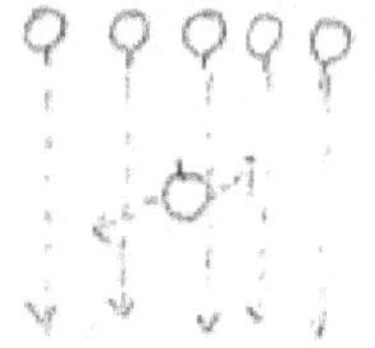</td></tr>
<tr><th></th><th>OBJETIVO FÍSICO</th><th></th></tr>
<tr><td> </td><td>Cada pareja dispone de una cuerda.
1) Uno detrás de otro. El que va delante lleva la cuerda por la cintura y el compañero la lleva sujeta por las dos puntas. Corren sin tropezar con los demás realizando cambios de ritmo y dirección.
2) Lo mismo, corriendo el de delante de espalda.
3) Uno sujeta la cuerda por una punta y la hace culebrear desplazándose corriendo hacia atrás, el compañero trata de pisar la cuerda. Cuando la pise cambian de función.
4) Uno corre con la cuerda sujeta en la cintura entre el pantalón y su cuerpo, a modo de cola. El compañero corre detrás tratando de pisar la cuerda.
5) Los dos tiran de un extremo de la cuerda tratando de desplazar al compañero.
6) Uno oscila la cuerda cerca del suelo y el compañero salta sin tocar la cuerda.
7) Saltar a la comba.</td><td> 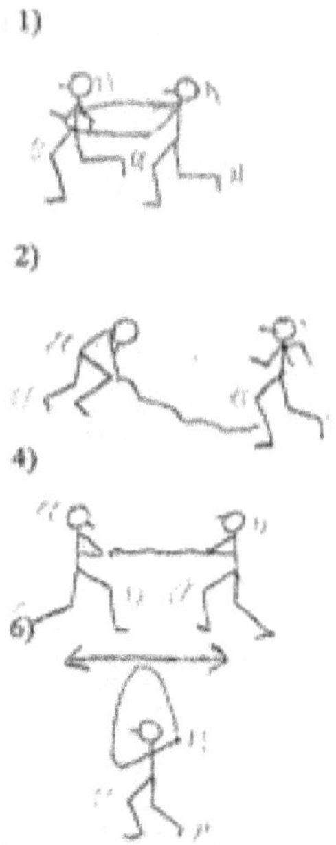</td></tr>
<tr><th></th><th>OBJETIVO TÉCNICO</th><th></th></tr>
<tr><td> </td><td>Se colocan uno frente a otro y realizan lo siguiente:
1) Se pasan el balón con control y toque.
2) Uno toca a la primera y el otro realiza un control previo.
3) Los dos tocan a la primera. (A modo competitivo, qué pareja realiza más toque en un tiempo determinado)
4) Uno conduce el balón rodea al compañero y al volver al punto de partida, pasa al compañero.</td><td> 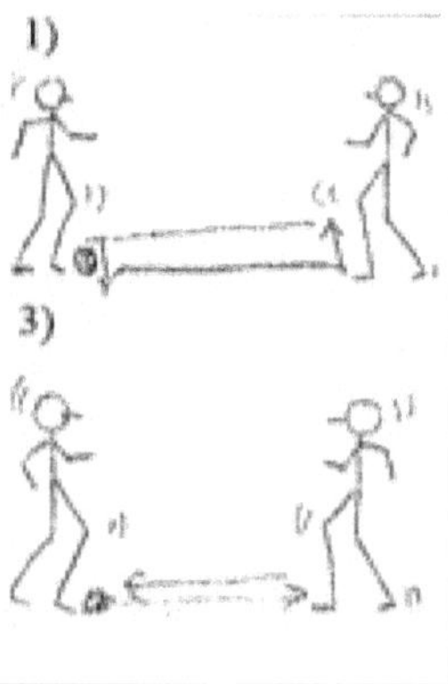</td></tr>
</table>

6) 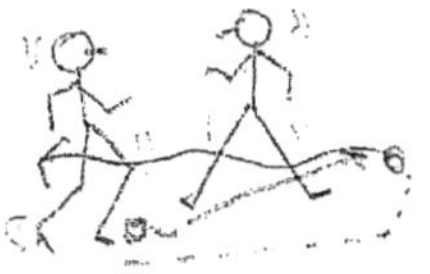 8) 	5) Uno conduce con velocidad y al llegar a la altura del compañero, detiene el balón, da media vuelta y vuelve al punto de partida. 6) El que conduce al llegar a la altura del compañero le pasa el balón entre las piernas, se hace con el balón, da media vuelta y vuelve al punto de partida. 7) El que conduce al llegar a la altura del compañero se hace un autopase lanzado el balón por un lado y él de desplaza por el otro para hacerse con el balón. 8) El que conduce hace una pared con el compañero, controla y conduce y vuelve al punto de partida. 9) Uno pasa el balón con el pie por alto al compañero que de cabeza se lo devuelve para que controle y conduzca y vuelva al punto de partida.	5)  7)  9) 
	OBJETIVO TÁCTICO	
	Se insiste en el tema de las ayudas defensivas a los compañeros que pueden ser desbordados.	

SESIÓN: 13-14	PERIODO: 8ª Semana.	GRUPO: 6-7 años.
OBJETIVOS: Físicos: Lateralidad. Técnicos: Control, toque y conducción. Tácticos: Coberturas y permutas defensivas. **MATERIAL: Aros, cono, balones y petos.** **ORGANIZACIÓN: Individual y tríos.**		
GRÁFICO	**ANIMACIÓN**	**GRÁFICO**
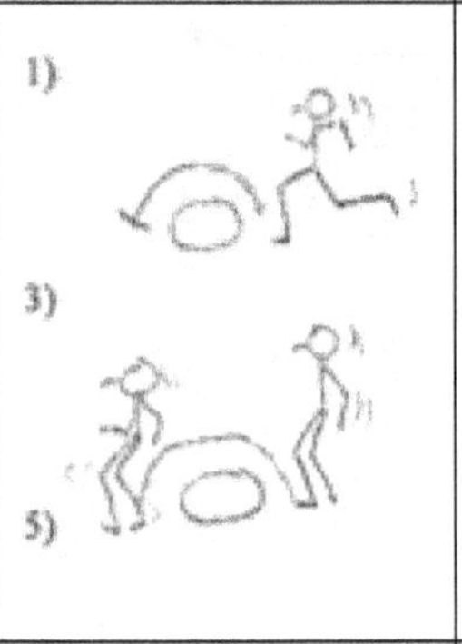 1) 3) 5)	Se colocan en el suelo un aro por jugador. Corren libremente y a indicación del monitor: 1) Saltan el aro sin tocarlo impulsándose con un pie y cayendo con el otro. 2) Saltan impulsándose con un pie y cayendo con los dos juntos. 3) Saltan impulsándose con los dos pies y cayendo de igual manera. 4) Saltan dando media vuelta en el aire. 5) Saltan dando una vuelta completa en el aire.	 2) 4)
	OBJETIVO FÍSICO	
 1) 3) 5) 7) 9) 11) 13) 15)	1) Corren llevando el aro por encima de la cabeza con la mano derecha. 2) Igual con la mano izquierda. 3) Lo tiran hacia arriba con la mano derecha y lo cogen antes de que caiga al suelo con las dos. 4) Hacen lo mismo con la mano izquierda. 5) Le dan patadas suaves al aro en el suelo y lo desplazan con el pie derecho. 6) Lo mismo con el pie izquierdo. 7) Ruedan el aro con la mano derecha. 8) Ruedan el aro con la mano izquierda. 9) Dejan el aro en el suelo y se sientan dentro del aro. 10) Con el aro en el suelo se sientan con el aro en la derecha. 11) Se ponen boca abajo delante del aro. 12) Se ponen arriba con el aro a la izquierda. 13) Lanzan el aro de ida y vuelta. 14) Lanzan el aro de ida y vuelta y al volver lo saltan. 15) Lo mismo y al volver lo eleva con el pie para cogerlo con las manos.	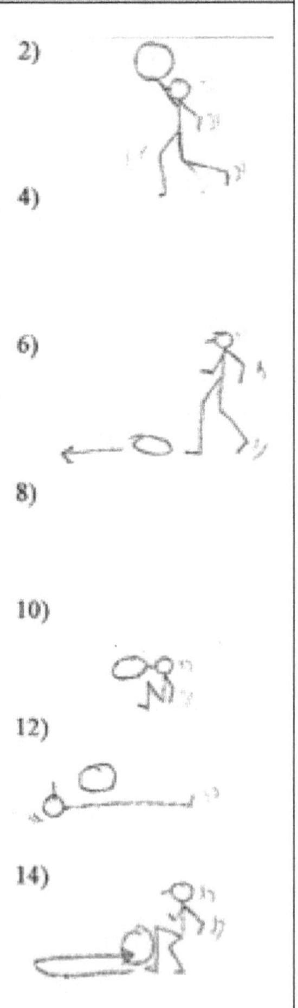 2) 4) 6) 8) 10) 12) 14)

	OBJETIVO TÉCNICO	
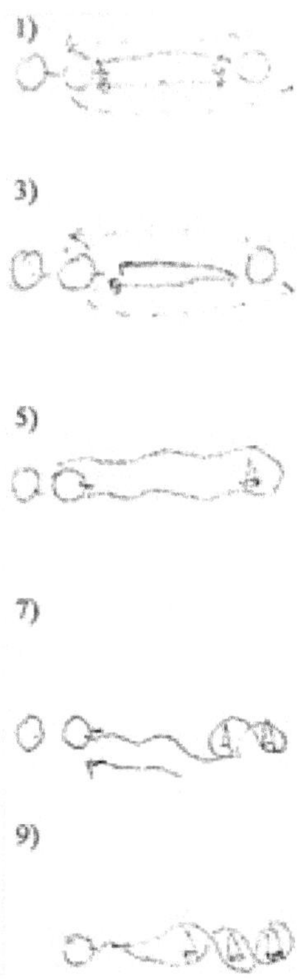 1) 3) 5) 7) 9)	Se colocan según el gráfico y realizan lo siguiente: 1) Control y pase y cambio de posición. 2) Alternar control y pase con pase a la primera. 3) Pasar siempre a la primera. (Se puede hacer de forma competitiva entre los diferentes tríos.) Con otra disposición se realizan los siguientes ejercicios: 4) Se conduce el balón hasta el cono y al llegar se gira y pasa al compañero. Se vuelve al punto de partida corriendo. 5) Se conduce el balón con ida y vuelta. 6) Se conduce, pasa el balón entre los conos y se recoge pasando por fuera. 7) Se conduce haciendo un 8 entre los dos conos. 8) Se hace un 8 en sentido horizontal al punto de partida. 9) Se conduce en slalon entre los conos. 10) Se conduce en zig-zag entre los conos.	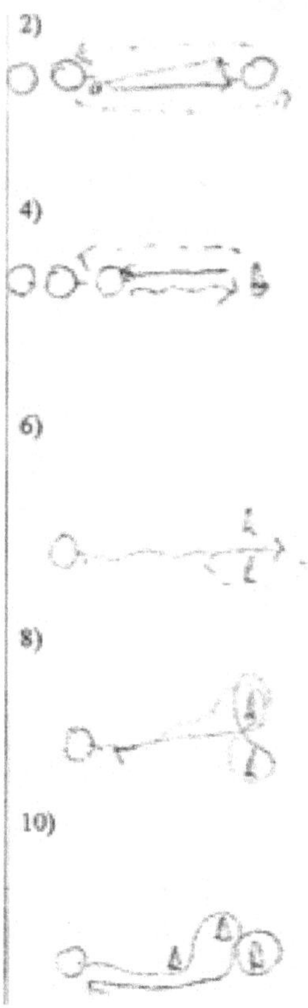 2) 4) 6) 8) 10)
	OBJETIVO TÁCTICO	
	A las ayudas defensivas trabajadas en días anteriores se les añade las permutas. El jugador rebasado debe ocupar el lugar del compañero que le hizo la cobertura.	

SESIÓN: 15-16	PERIODO: 9ª Semana.	GRUPO: 6-7 años.
OBJETIVOS: Físicos: Percepción espacio-temporal. Técnicos: Control, toque, conducción y tiro. Tácticos: Desmarques de apoyo y ruptura. **MATERIAL: balones, petos y conos.** **ORGANIZACIÓN: Por parejas.**		
GRÁFICO	**ANIMACIÓN**	**GRÁFICO**
	Juego: "Cabeza de serpiente" Dos jugadores la "quedan". Persiguen a sus compañeros y según vayan se les une agarrados por las manos. Gana el que más compañeros reúna al final del juego.	
	OBJETIVO FÍSICO	
2) 4)  6)  8)  10)  12) 	Por parejas cogidos por las manos sin soltarse, corren por el campo y a la señal del monitor: 1) Se sientan. 2) Se ponen boca abajo. 3) Boca arriba. 4) Uno sentado y otro de pie. 5) Uno boca abajo y otro boca arriba. 6) Uno detrás de otro. El de atrás lleva las manos en los hombros del compañero y se desplaza saltando con los pies juntos. 7) Con igual disposición el de atrás se desplaza saltando abriendo y cerrando piernas. 8) Uno frente a otro y cogidos por las manos tratan de pisar al compañero y no ser pisados. 9) Igual tiran con fuerza para desplazar al compañero. 10) Espalda con espalda se empujan para desplazar al compañero. 11) Hombro con hombro con igual objetivo. 12) Cogidos con una mano tratan de golpear y no ser golpeado en el trasero por el compañero.	1)  3)  5)  7)  9)  11) 
	OBJETIVO TÉCNICO	
	Se hacen dos o tres porterías en función del número de parejas con objeto de que en cada una de ellas haya tres o cuatro parejas como máximo. Uno hará de portero y el otro de tirador de forma	

  	alternativa. La distancia del tiro está en función del nivel de los jugadores. 1) Tiro a balón parado. Primero frente a la portería y más tarde se cambia a distintos ángulos. 2) Tiro a balón en movimiento después de un toque hacia delante. 3) Tiro con el balón botando después de lanzarlo con las manos. 4) Igual después de lanzarlo con la cabeza. 5) Tiro después de una conducción. 6) Tiro después de conducir en slalon. 7) Tiro después de regatear al portero.	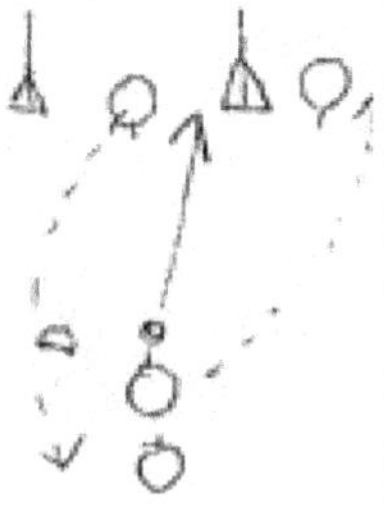   
	OBJETIVO TÁCTICO	
	Explicar y practicar el desmarque de apoyo y de ruptura teniendo en cuenta que el desmarque es la mejor manera de ayudar al compañero que tiene el balón. Desmarcarse es alejarse del adversario con la finalidad de poder recibir el balón que tiene el compañero. El desmarque de apoyo tiene como finalidad la de mantener la posesión del balón y prepararse para un ataque hacia la portería adversaria. El desmarque de ruptura se realiza en dirección a la portería adversaria mediante un cambio de ritmo y sorprendiendo a los contrarios.	

SESIÓN: 17-18	PERIODO: 10ª Semana.	GRUPO: 6-7 años
OBJETIVOS: Físicos: Percepción espacio-temporal. Técnicos: Control, pase, conducción y tiro. Tácticos: Desmarques de apoyo y ruptura. **MATERIAL: Balones y conos.** **ORGANIZACIÓN: Por tríos.**		
GRÁFICO	**ANIMACIÓN**	**GRÁFICO**
	Juego: Las cuatro esquinas. En el perímetro del campo y a distancia equidistante se colocan tantos conos como tríos haya menos uno. Los conos hacen de esquinas. Los jugadores juegan cogidos de las manos y no se pueden soltar. Cada trío ocupa un cono y el que la queda se coloca en el centro. A la señal del monitor todos deben de cambiar de esquinas y los que la "quedan" ocupar una que quede libre.	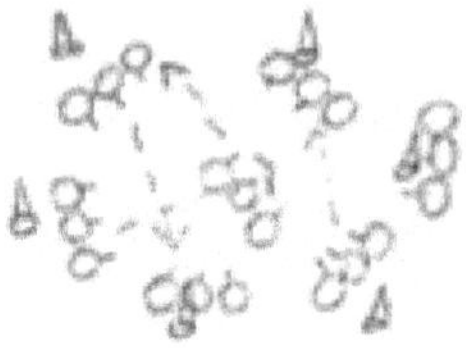
	OBJETIVO FÍSICO	
2) 4) 6) 8)	Los jugadores corren por el campo cogidos de las manos y sin soltarse y a la señal del monitor se colocan: 1) Sentados. 2) A la pata coja. 3) Boca arriba. 4) Boca abajo. 5) Sentados juntando los pies. 6) Sentados juntando las espaldas. 7) Formando un triángulo. 8) De pie dándose la espalda. Los jugadores corren sueltos y uno detrás de otro y sin perder la fila deben moverse según indique el monitor: 1) A la derecha. 2) A la izquierda. 3) Media vuelta. 4) Muy lento. 5) Rápido. 6) Muy rápido. Siguen corriendo con la misma disposición y hacen lo siguiente: 1) El primero se pone último dando media vuelta. 2) Igual corriendo de espalda. 3) Igual lateralmente mirando a los compañeros. 4) Igual lateralmente mirando para afuera. 5) El último se pone primero por la derecha.	1) 3) 5) 7) 1) 3) 1) 3) 5)

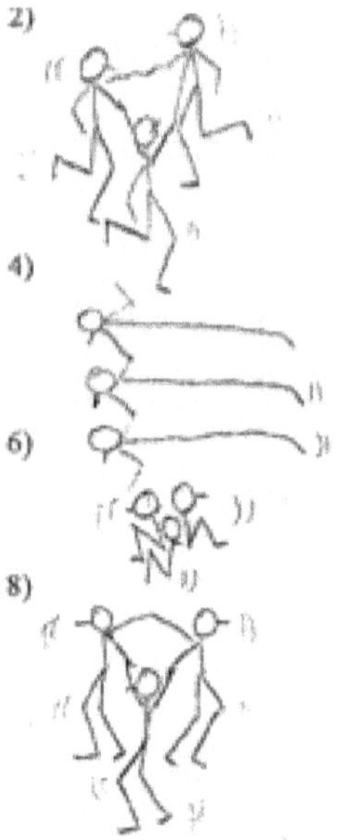

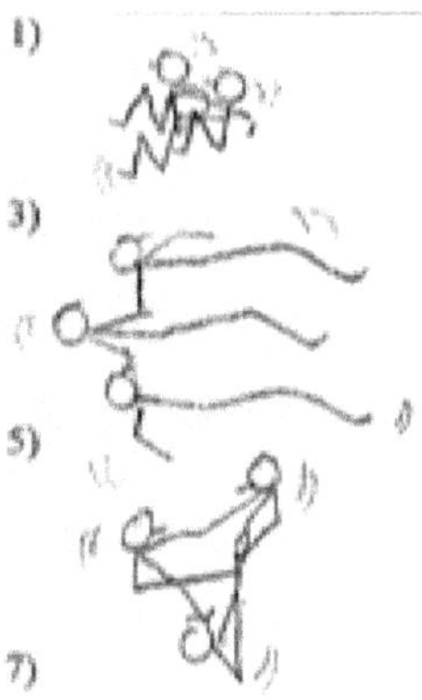

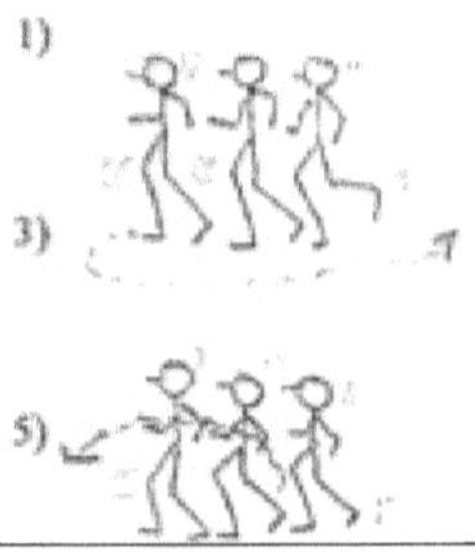

	6) Igual por la izquierda. 7) Por la derecha corriendo de espalda. 8) Por la izquierda igual. 9) Lateralmente mirando a los compañeros y por la derecha. 10) Igual por la izquierda.	
	OBJETIVO TÉCNICO	
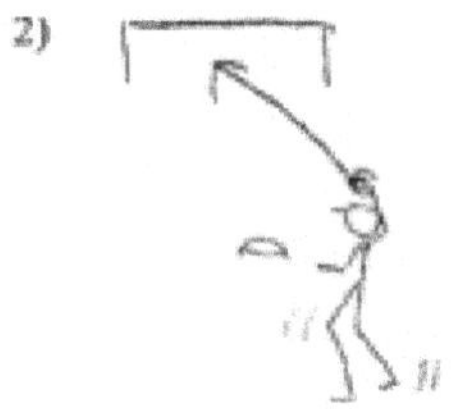 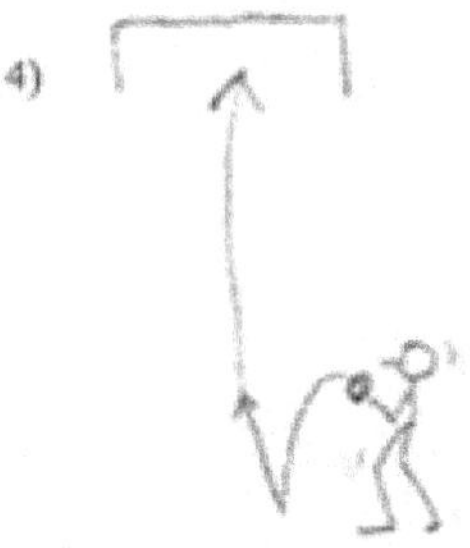	Los jugadores se colocan por tríos frente a una portería. Estos ejercicios tienen cierta complejidad en cuanto a los movimientos que tienen que realizar los jugadores para realizar el tiro. Primero se hacen los movimientos y el balón se maneja con las manos y sin tirar a puerta. Según asimilen los desplazamientos a realizar se avanza en completar el ejercicio. 1) Colocándose según el gráfico los jugadores llevan el balón en las manos e intercambian de posición. 2) Realizan el mismo ejercicio y se desplazan en dirección a la portería y al llegar a la distancia adecuada uno tira con las manos para hacer gol. (Este ejercicio se repetirá varias veces hasta que los tres componentes del grupo hayan realizado varios tiros.) 3) Lo mismo realizando en tiro con el pie desde el suelo. 4) Igual con el pie de volea. 5) El balón se pasa con las manos e intercambian de posición. 6) Lo mismo acercándose a la portería y tirando con las manos. 7) Lo mismo tirando con el pie desde el suelo. 8) Lo mismo tirando con el pie de volea. 9) El intercambio de balón lo hacen mediante una conducción. 10) Igual acercándose a la portería y tirando con el pie. 11) Se pasan el balón con el pie e intercambia de posición. 12) Acercándose a la portería y tiran a puerta.	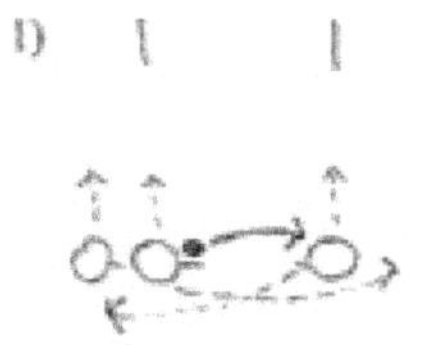  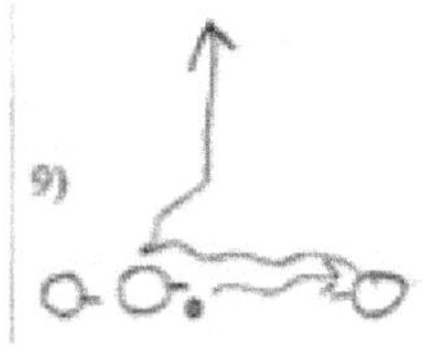
	OBJETIVO TÁCTICO	
	Continuar con los desmarques de apoyo y ruptura. Teniendo en cuenta en el desmarque de realizarlos a lugares no ocupado por adversario y compañeros y hacerlos a distancia de acuerdo, a las posibilidades del poseedor del balón.	

SESIÓN: 19-20	PERIODO: 11ª semana.	GRUPO: 6-7 años.
OBJETIVOS: Físicos: Percepción espacio-temporal. Técnicos: Control, toque, conducción y tiro. Tácticos: Desmarques. **MATERIAL: Cuerdas, balones, conos y petos.** **ORGANIZACIÓN: Por grupos.**		
GRÁFICO	**ANIMACIÓN**	**GRÁFICO**
 2) 4)	Las cuerdas distribuidas por el suelo de forma aleatorias y ocupando el espacio de trabajo. Los jugadores corren por el campo y a la señal del monitor realizan: 1) Saltan las cuerdas sin pisarlas. 2) Saltan dando media vuelta en el aire. 3) Igual con los pies juntos. 4) Saltan a la pata coja.	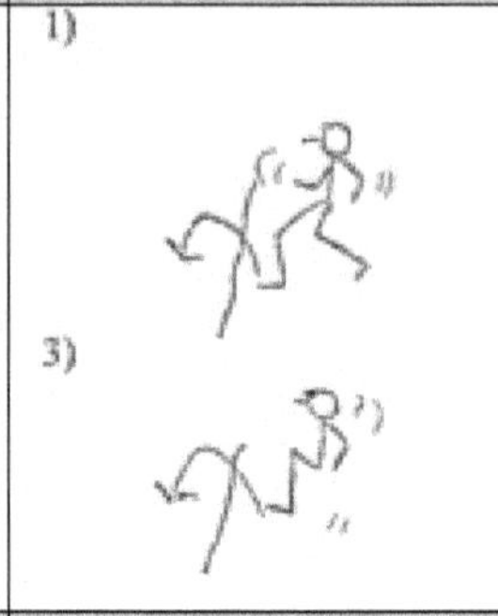 1) 3)
	OBJETIVO FÍSICO	
 2) 4) 6) 8) 10)	Cada jugador con su cuerda realiza los siguientes ejercicios. 1) Tirar la cuerda hacia arriba y recogerla con las dos manos. 2) Igual y recogerla con una mano. Primero con la mano derecha y después la izquierda. 3) Tirarla hacia arriba y recogerla lo más cerca posible del suelo. 4) Girar la cuerda cogida por las dos puntas por encima de la cabeza en un sentido y en otro. 5) Girar la cuerda en sentido vertical de izquierda a derecha y viceversa. 6) Con la cuerda en el suelo saltarla con los pies juntos de forma lateral. 7) Igual saltarla hacia delante y hacia atrás. 8) Saltarla a la pata coja en sentido longitudinal. 9) Saltar la cuerda girando en el aire con los pies juntos. 10) Saltar con los pies juntos de una punta a otra de la cuerda.	 1) 2 1 3) 5) 7) 9)

	OBJETIVO TÉCNICO	
 2) 4) 6) 2)	En grupos de 4 jugadores y formando un triángulo según el gráfico realizan los siguientes ejercicios. 1) Control y toque con cambio de posición. (Cambio de sentido) 2) Alternar control y toque con toque a la primera. (Cambio de sentido.) 3) Pasar siempre a primer toque. 4) Alternar conducción y toque. 5) Conducción en los tres lados. 6) En un lado se colocan conos para hacer slalon. 7) En otro lado se colocan conos para hacer zig-zag. Tiros a puerta: 1) Tres contra uno con máximo dos toques los poseedores del balón. Se alternan en la función defensiva. 2) Dos contra dos con limitación de tiempo. Cada pareja tiene 8-10 intentos de hacer gol.	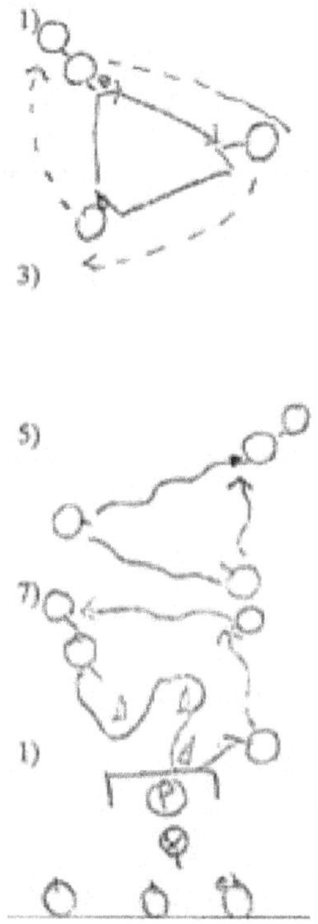 1) 3) 5) 7) 1)
	OBJETIVO TÁCTICO	
	Insistir en la importancia del desmarque. Mirar la situación de los jugadores antes de recibir el balón.	

SESIÓN: 21-22	PERIODO: 12ª Semana.	GRUPO: 6-7 años.

OBJETIVOS:
Físicos: Equilibrio
Técnicos: Cabeceo
Tácticos: Colocación para defender.
MATERIAL: Balones de goma espuma.
ORGANIZACIÓN: Individual y parejas

GRÁFICO	ANIMACIÓN	GRÁFICO
	Juego: El pelotazo. Con uno o dos balones de goma espuma se juega a darle pelotazos a los compañeros. Se pueden ir añadiendo balones para darle más movilidad al juego.	
	OBJETIVO FÍSICO	
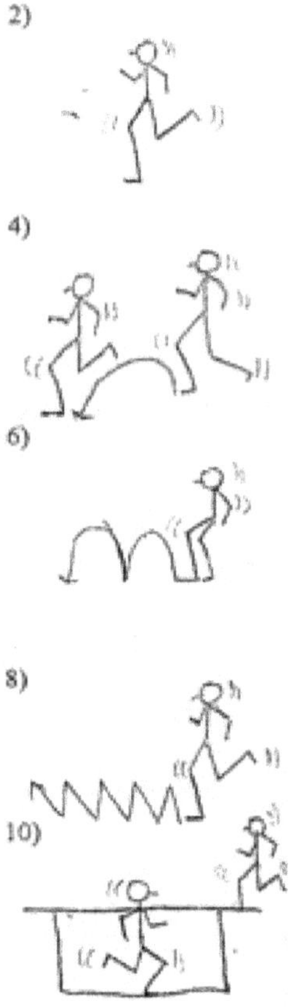 2) 4) 6) 8) 10)	Los jugadores corren por el campo y a la señal del monitor hacen lo siguiente: 1) Pararse en seco con los pies juntos. 2) Pararse y guardar equilibrio con una sola pierna. 3) Dar un salto y quedarse quieto sobre las dos piernas. 4) Dar un salto y quedarse quieto sobre una sola pierna. 5) Dar un salto y media vuelta en el aire y quedarse quieto. 6) Dar dos saltos con los pies juntos y quedar en equilibrio. 7) Dar tres saltos seguidos con los pies juntos y quedar en equilibrio. 8) Dar saltos a la pata coja con esta secuencia: uno derecha, otro izquierda, dos derecha, dos izquierda, tres derecha, tres izquierda... 9) Saltar a la pata coja lateralmente. 10) Correr sobre las líneas del campo. 11) Desplazarse con los pies juntos a un lado y otro de las rayas del campo.	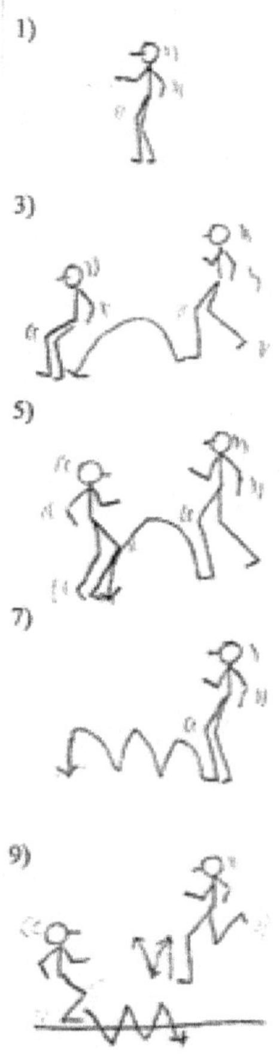 1) 3) 5) 7) 9)
	OBJETIVO TÉCNICO	
	Los jugadores se sitúan uno frente a otro, según el gráfico, y realizan lo siguiente: 1) Con el balón en las manos se desplazan a rodear al compañero y volver al punto de partida, golpeando con el frontal.	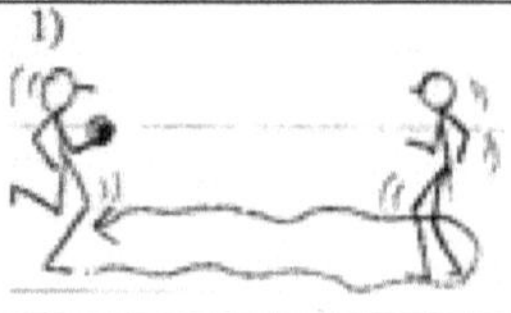 1)

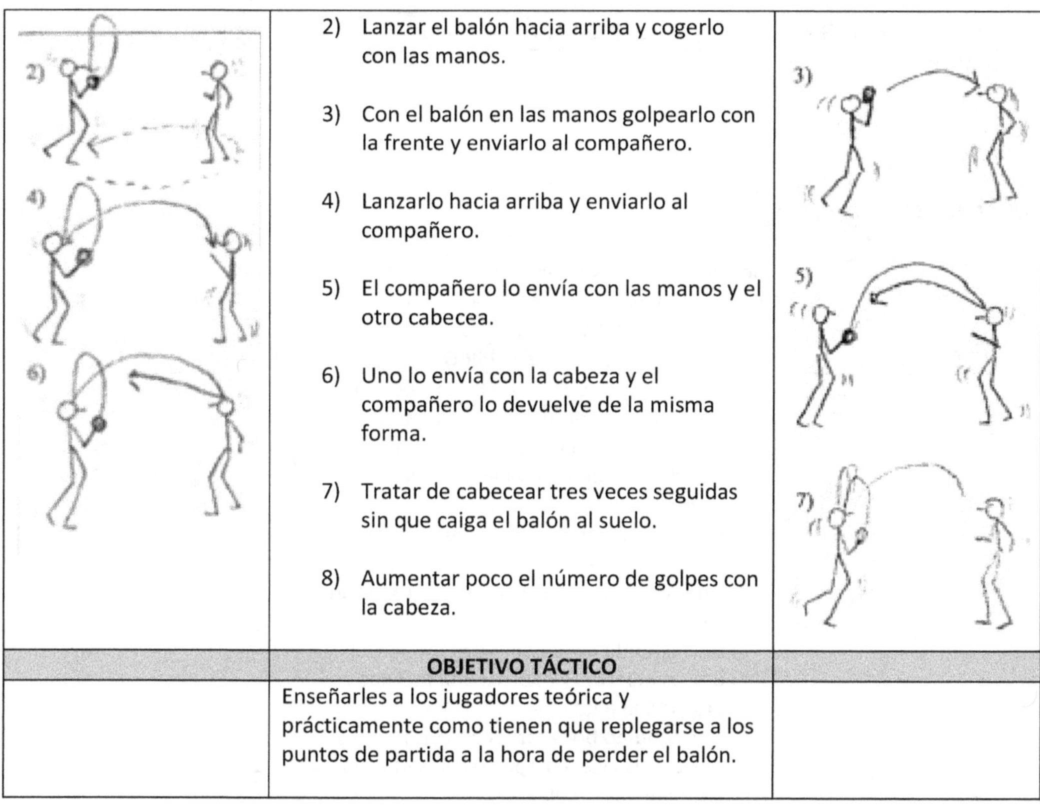

2) 4) 6)	2) Lanzar el balón hacia arriba y cogerlo con las manos. 3) Con el balón en las manos golpearlo con la frente y enviarlo al compañero. 4) Lanzarlo hacia arriba y enviarlo al compañero. 5) El compañero lo envía con las manos y el otro cabecea. 6) Uno lo envía con la cabeza y el compañero lo devuelve de la misma forma. 7) Tratar de cabecear tres veces seguidas sin que caiga el balón al suelo. 8) Aumentar poco el número de golpes con la cabeza.	3) 5) 7)
	OBJETIVO TÁCTICO	
	Enseñarles a los jugadores teórica y prácticamente como tienen que replegarse a los puntos de partida a la hora de perder el balón.	

SESIÓN: 23-24	PERIODO: 13ª Semana	GRUPO: 6-7 años.
OBJETIVOS: Físicos: Equilibrio Técnicos: Cabeceo Tácticos: Colocación para defender. **MATERIAL: Balones goma-espuma y conos pequeños.** **ORGANIZACIÓN: Por parejas y tríos.**		
GRÁFICO	**ANIMACIÓN**	**GRÁFICO**
	Se dividen en dos o tres grupos y juegan a ver que, grupo mantiene con mayor número de toques el balón en el aire.	
	OBJETIVO FÍSICO	
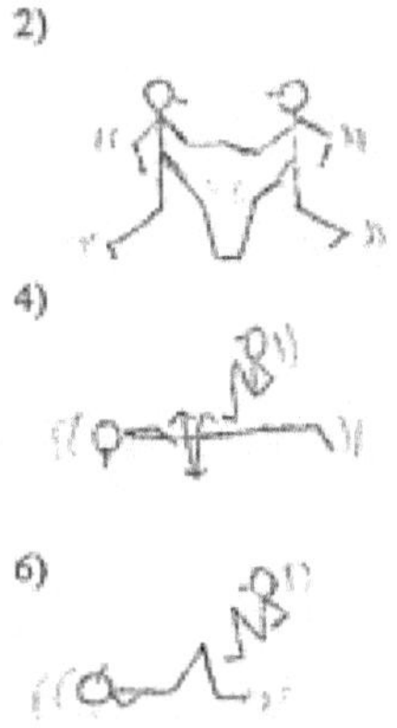 2) 4) 6)	1) Los dos sobre una línea del campo uno, frente a otro tratan de desequilibrarse golpeándose en la palma de las manos. 2) Cogidos por una mano el llamado "pulso gitano". 3) Hombro con hombro se empujan para desequilibrarse. 4) Uno tumbado boca abajo y el otro lo salta lateralmente. 5) Uno tendido boca abajo con las piernas y brazos abiertos y el otro salta piernas y brazos a la pata coja. 6) Uno tendido boca arriba con las piernas flexionadas y el compañero lo salta a la altura de las rodillas. 7) Uno de rodillas con un brazo extendido lo oscila de un lado a otro y el compañero lo salta.	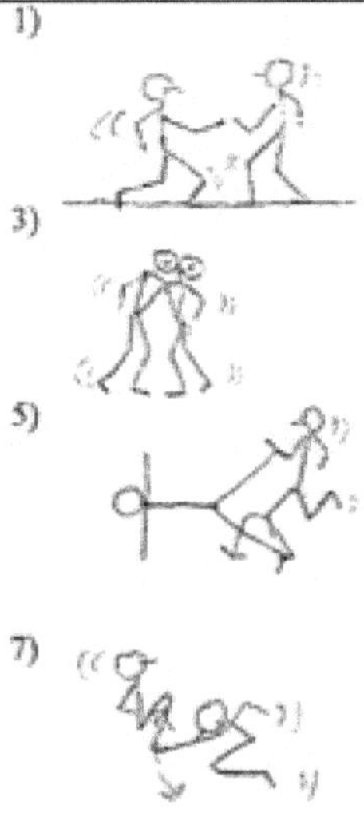 1) 3) 5) 7)
	OBJETIVO TÉCNICO	
 2) 4)	Los jugadores se colocan por tríos según el gráfico e intercambia sus posiciones continuamente. 1) Con el balón cogido entre las manos, para tomar conciencia de la superficie de golpeo, golpean el balón reiteradamente con el frontal, mientras se desplazan hasta donde está el compañero. 2) Lo mismo dando pequeños saltos en el momento del golpeo. (Es importante recalcar que el golpeo debe darse en el punto más alto del salto). 3) Lo mismo y al llegar a la mitad del recorrido, soltar el balón en el momento del golpeo y enviárselo al compañero de frente. 4) Lanzar el balón hacia arriba y enviarlo de cabeza al compañero. 5) Lanzar el balón con las manos al compañero que le golpea con la cabeza. 6) Enviar el balón con la cabeza y el compañero lo devuelve del mismo modo.	 1) 3) 5)

8) 	7) Uno se pone en el centro y envía el balón con las manos a uno de los extremos que le golpea de cabeza hacia el compañero del otro extremo. 8) Limitando con cono el espacio del que está en medio, los extremos se pasan el balón con las manos sin que lo intercepte el compañero del centro. 9) Lo mismo pasando el balón con la cabeza. El del centro trata de interceptar el balón sin utilizar las manos.	7) 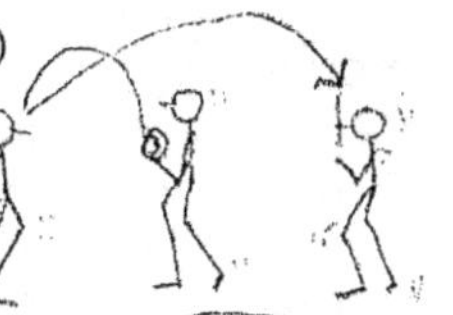 9) 
	OBJETIVO TÁCTICO	
	Repasar la situación con respecto al marcaje y el repliegue una vez perdido el balón. Si un compañero ocupa nuestra posición ocupar la del compañero hasta que acabe la jugada.	

SESIÓN: 25-26	PERIODO: 14ª Semana	GRUPO: 6-7 años.
OBJETIVOS: Físicos: Desplazamientos. Técnicos: Cabeceo por tríos. Tácticos: Colocación para defender. **MATERIAL: Balones de goma-espuma y conos.** **ORGANIZACIÓN: Por tríos.**		
GRÁFICO	**ANIMACIÓN**	**GRÁFICO**
	Juego al pelotazo con los balones de goma-espuma.	
	OBJETIVO FÍSICO	
 2)	Los jugadores corren por el campo y realizan tipos de desplazamientos: 1) Desplazamientos laterales hacia un lado y otro. 2) Desplazamiento hacia atrás. Por parejas uno es el número **1** y el otro el **2**. A la señal del monitor: 1) Los números **1** se quedan parados y los **2** corren sin tropezar con nadie. Al cabo de un tiempo cambian las funciones. 2) Igual que el anterior, realizando los desplazamientos de forma lateral. 3) Igual corriendo de espalda. 4) Los 1 andan despacio y los dos corren sorteando todos los obstáculos móviles. 5) Igual con desplazamientos laterales. 6) Igual con desplazamientos de espalda.	 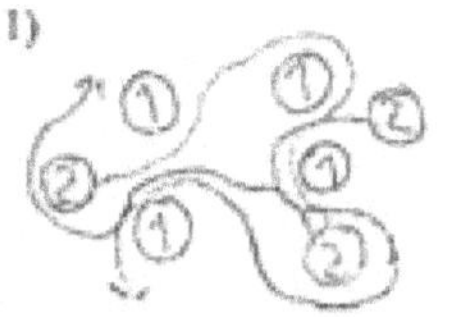 1) 1)
	OBJETIVO TÉCNICO	
  2) 4)	Se colocan según el gráfico y realizan los siguientes ejercicios: 1) Lanzar el balón hacia arriba y cabecear hacia el compañero. 2) Lanzar el balón hacia arriba y cabecear dos veces para enviarlo al compañero. 3) Lanzar el balón con las manos para que cabecee el compañero. 4) Lanzar el balón con las manos y cabecear todas las veces posibles. 5) Uno se coloca en medio y cabecea hacia atrás el balón lanzado con las manos por el compañero.	   1) 3) 5)

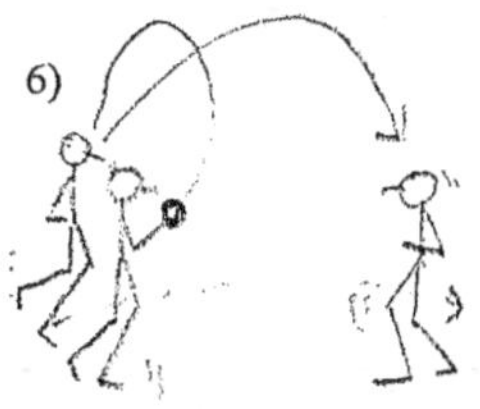 	6) Uno lanza el balón hacia arriba perpendicularmente y el compañero que está al lado cabecea hacia el otro compañero. El cabeceador se desplaza hacia él, se hace con el balón y lo lanza para que cabecee el receptor. 7) Uno se coloca detrás de otro y debe cabecear el balón por encima del compañero que hace oposición pasiva. 8) Dos jugadores tratan de pasarse el balón de cabeza ante la oposición del tercero que tiene delimitado por dos conos su campo de acción.	
	OBJETIVO TÁCTICO	
	Colocar a los jugadores de forma para defender en los ataques del adversario. Partiendo de las posiciones a balón parado. Saques de puerta, banda a distintas distancias de la portería, faltas: laterales, frontales, cercanas y lejanas, saques de esquinas.	

SESIÓN: 27-28	PERIODO: 15ª Semana	GRUPO: 6-7 años

OBJETIVOS:

Físicos: Saltos y giros

Técnicos: Cabeceo.

Tácticos: Repliegue colectivo.

MATERIAL: balones goma-espuma y conos.

ORGANIZACIÓN: Individual y parejas.

GRÁFICO	ANIMACIÓN	GRÁFICO
	Juego: Las 4 esquina por parejas. Se colocan alrededor del campo tantos conos como parejas haya, menos una. Los jugadores cogidos de las manos ocupan dichos conos, "quedándose" una pareja. A la señal del monitor todas las parejas deben cambiar de sitio, aprovechando el movimiento la pareja que la "queda" de ocupar algún sitio libre. La "queda" la que no encuentre sitio libre.	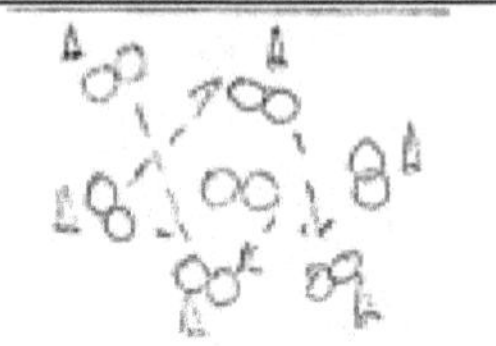
	OBJETIVO FÍSICO	
2)  4)  6) 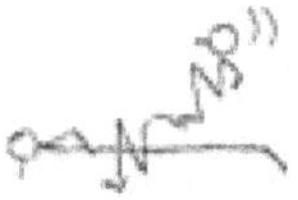 8)  2) 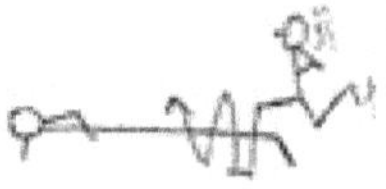 4) 	Los jugadores se ponen por parejas. Uno será el **1** y el otro el **2**. Los jugadores correrán por el campo y a la señal del entrenador harán: 1) Los **1** se quedan quietos y los **2** correrán esquivando todos los obstáculos. (En todos los ejercicios cada cierto tiempo cambian las funciones) 2) Igual que el anterior, los que se desplazan harán un giro alrededor de cada obstáculo que se encuentre. 3) Los **1** se ponen boca abajo. Los **2** correrán saltando por encima de los compañeros. 4) Con igual disposición saltarán con los pies juntos. 5) Salto exagerado cayendo con las piernas semiflexionadas y equilibrado. 6) Saltar de un lado a otro al que está en el suelo. 7) Saltar dando media vuelta en el aire. 8) Saltar en sentido longitudinal con los pies juntos. Cada uno con su pareja realizarán lo siguiente: 1) Uno boca abajo y el otro lo salta lateralmente con los pies juntos. 2) Saltar de un lado a otro a la pata coja. 3) Saltar con pies juntos dando medio giro en el aire. 4) Saltar con pies juntos adelante y atrás.	1)  3)  5) 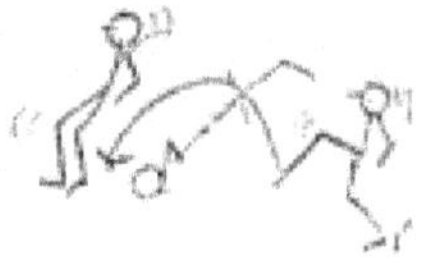 7)  1)  3) 

	OBJETIVO TÉCNICO	
2) 4) 3)	Se hacen grupos de 6 formando un triángulo con dos jugadores en cada vértice. Los ejercicios se realizan cambiando continuamente de posición. Los primeros ejercicios se harán con dos balones partiendo de distintos vértices. 1) En carrera con el balón en las manos se lleva al compañero del siguiente vértice. 2) Se lanza el balón con las manos y se cambia de posición. 3) Sin soltar el balón se golpea con el frontal hasta la posición del compañero. 4) Igual, golpeando el balón hacia la mitad del recorrido hacia el compañero. 5) Se lanza el balón hacia arriba y se golpea con la cabeza hacia el compañero. Forman una fila con un jugador frente a ellos según el gráfico. 1) El que está frente al grupo envía el balón con las manos al primero que lo devolverá también con las manos, agachándose a continuación. Lo mismo hará con el segundo y el resto de los jugadores hasta que llegue al último que se hará con el balón y correrá a ponerse frente al grupo sustituyendo al anterior que se pondrá el primero del grupo, iniciando de nuevo el proceso. Ganará el grupo que antes terminen todos los jugadores de pasar por la posición de pasador. 2) El mismo ejercicio con la variante de que el pasador seguirá haciéndolo con las manos y el resto lo devuelve con la cabeza. Cinco jugadores forman un círculo quedando uno en medio. 1) Los jugadores se pasan el balón de con las manos sin que caiga al suelo o lo intercepte el compañero que la "queda". 2) Se alterna pasar con las manos y de cabeza. 3) Pasar el balón de cabeza lanzado con las manos el cabeceador.	3) 5) 1) 2)
	OBJETIVO TÁCTICO	
	Seguir trabajando el repliegue y colocación al perder el balón y en las situaciones a balón parado.	

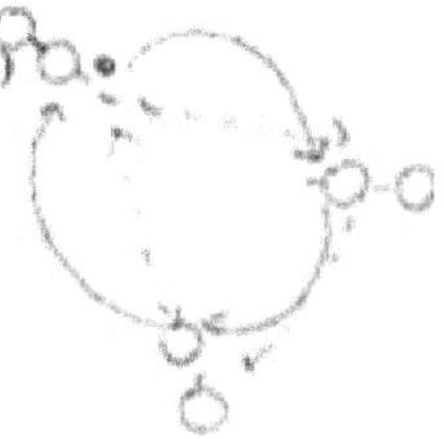

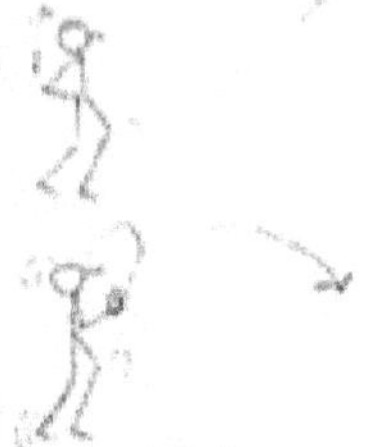

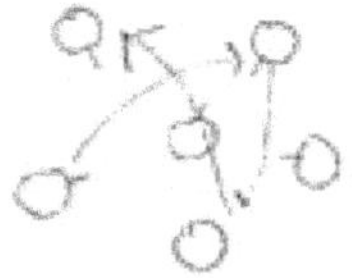

SESIÓN: 29-30	PERIODO: 16ª Semana.	GRUPO: 6-7 años.
OBJETIVOS: Físicos: Saltos y giros. Técnicos: Control y toque por parejas. Táctico: Repliegue colectivo. **MATERIAL: Balones y conos.** **ORGANIZACIÓN: Por parejas.**		
GRÁFICO	**ANIMACIÓN**	**GRÁFICO**
	Juego de las cuatro esquinas. Las esquinas son conos que se sitúan alrededor del campo con distancia acorde con el número y características de los jugadores. Los alumnos se ponen por parejas y se colocan tantos conos como parejas menos uno haya. Se coloca una pareja en cada esquina menos una que la "queda". A la señal del monitor todos deben cambiar de sitio lo que aprovechará los que la "quedan" para ocupar alguna esquina. La pareja que no logre un sitio se queda.	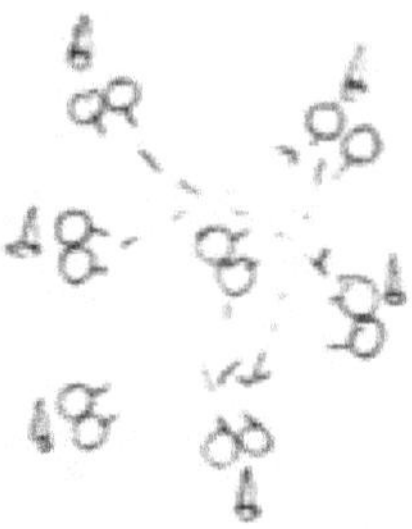
	OBJETIVO FÍSICO	
2)  4)  6)  8) 	Se colocan con un balón por parejas uno frente a otro. 1) Se pasan el balón con las manos sin que les caiga al suelo. 2) Lo mismo desplazándose uno hacia delante y otro hacia atrás. 3) Igual con desplazamientos laterales. 4) Uno corre con el balón en las manos, rodea al compañero que está frente a él, vuelve a su punto de partida y le envía el balón al compañero. 5) Al llegar al compañero realiza un giro alrededor del mismo. 6) El mismo movimiento botando el balón mientras se desplaza. 7) Igual que el anterior y al llegar al compañero da una vuelta alrededor sin dejar de botar. 8) El jugador se desplaza lanzando el balón hacia arriba cogiéndolo en el aire.	1)  3)  5)  7) 

	OBJETIVO TÉCNICO	
2)  4)  6)  8) 	Los jugadores se colocan uno frente a otro. Utilizando como referencia unos conos pequeños. 1) Se pasan el balón realizando control y toque. 2) Alternar control y pase con pase a la primera. 3) Pasar siempre a la primera. 4) Situado detrás del cono, el jugador que recibe orienta el control hacia el otro lado de dicho cono y lo pasa al compañero que hace lo recibe delante de su cono. Y desde ese lugar realiza el ejercicio. (Al poco tiempo cambian las funciones). 5) El mismo ejercicio recibiendo el balón desde el otro lado del cono por lo que la orientación del control y el pase será distinto. 6) Los dos jugadores situados detrás del cono reciben el balón lo controlan orientándolo hacia el otro lado y lo pasa. 7) Con la misma disposición anterior el pase realizado después del control orientado se hace en diagonal según el gráfico. 8) El jugador se coloca delante del cono, controla el balón orientándolo para dar media vuelta rodear el cono y pasar al compañero que lo devuelve a la primera. (Al poco tiempo cambian las funciones y ejecutar la salida del balón hacia ambos lados. 9) Los dos realizan lo mismo de forma alternativa.	1) 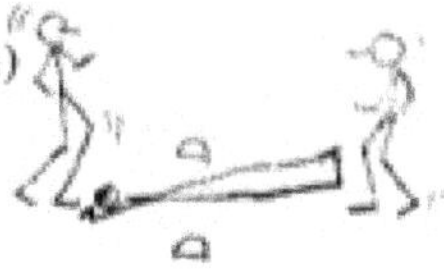 3) 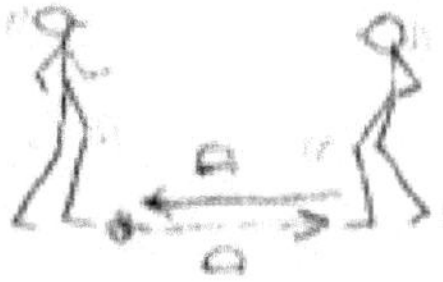 5)  7)  9) 
	OBJETIVO TÁCTICO	
	Insistir en el repliegue colectivo formando el equipo un bloque ocupando los espacios para que no penetre el adversario.	

SESIÓN: 31-32	PERIODO: 17ª Semana.	GRUPO: 6-7 años.
OBJETIVOS: Físicos: Saltos y giros. Técnicos: Control y toque. Tácticos: Repliegue colectivo. **MATERIAL: Balones y conos pequeños.** **ORGANIZACIÓN: Por tríos.**		
GRÁFICO	**ANIMACIÓN**	**GRÁFICO**
	Juego: "Cabeza de serpiente". Se quedan dos o tres en función del número de jugadores. Persiguen a sus compañeros y según los cojan se les une para seguir persiguiendo, sin soltarse, a los demás. Gana el que más alumnos sumen.	
	OBJETIVO FÍSICO	
4)  4) 	Los alumnos se agrupan por tríos, corren uno detrás de otro sin romper la línea y a la señal del monitor realizan: 1) El primero da media vuelta y se pone el último. 2) Igual corriendo hacia atrás. 3) Corriendo lateralmente. 4) El último pasa al primer lugar corriendo hacia delante con cambio de ritmo. 5) El último pasa al primer lugar corriendo hacia atrás. 6) Igual corriendo lateralmente. Guardando cierta distancia entre los jugadores se realiza: 1) El primero se pone el último dando media vuelta y corriendo en slalon entre los compañeros. 2) Igual corriendo hacia atrás. 3) Igual corriendo lateralmente. 4) El último pasa a primero corriendo en slalon con cambio de ritmo. 5) Igual corriendo de espalda. 6) Igual corriendo lateralmente. 7) Igual dando una vuelta completa alrededor de cada compañero.	1)  1)  7) 

	8) Lo mismo dando la vuelta corriendo hacia atrás. 9) Igual dando la vuelta corriendo lateralmente.	
	OBJETIVO TÉCNICO	
 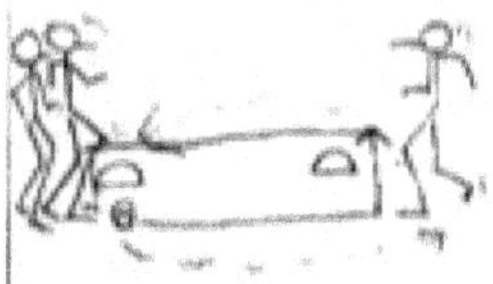 	Utilizando como referencia unos conos pequeños se realizan los siguientes ejercicios: 1) Control y pase y cambio de posición. 2) Alternar control y pase con pase a la primera. 3) Pase a la primera. 4) Los de un lado se colocan detrás del cono al recibir el balón realizan un control orientado hacia el otro lado del cono y lo pasan al compañero. 5) El mismo ejercicio recibiendo el balón del lado contrario, por lo que la orientación del control variará y el pase se hará con la otra pierna. 6) En los dos lados se colocarán detrás del cono y realizarán los dos el mismo tipo de control y pase. 7) El mismo ejercicio con pase diagonal. 8) El receptor se coloca delate del cono, realiza un control orientada para dar media vuelta y realizando una pequeña conducción pasa el balón desde el lado contrario. 9) Lo mismo realizando el control hacia el lado contrario que el anterior.	 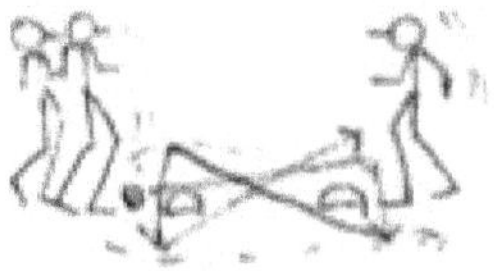
	OBJETIVO TÁCTICO	
	Insistir en los puntos anteriores.	

SESIÓN: 33-34	PERIODO: 18ª Semana.	GRUPO: 6-7 años.
OBJETIVOS: Físicos: Saltos y giros. Técnicos: Control y toque. Tácticos: Repliegues individuales y colectivos. **MATERIAL: Cuerdas, balones, conos y petos.** **ORGANIZACIÓN: Parejas y grupos.**		
GRÁFICO	**ANIMACIÓN**	**GRÁFICO**
	Juego: El ratón y el gato. Por parejas. Uno lleva la cuerda a modo de rabo sujeta entre el pantalón y su propio cuerpo. (Son los ratones) Corren por el campo. A la señal los que no tienen cuerdas, (los gatos) corren para pisarle la cuerda y cambiar de función.	
	OBJETIVO FÍSICO	
2)  4)  6)  8)  10)  12 	Las cuerdas se colocan estiradas en el suelo y los jugadores corren por el campo sin pisarlas. A la señal del monitor: 1) Saltan las cuerdas impulsándose con una pierna y cayendo con la otra. (Cambiar pierna de impulso y de caída) 2) Saltan impulsándose con una pierna y cayendo con las dos juntas. (Cambiar la pierna de impulso). 3) Impulsarse con las dos piernas y caer en equilibrio con una. 4) Saltar con una pierna y caer con la otra después de dar media vuelta en el aire. 5) Igual cayendo con las dos piernas. 6) Saltar con los pies juntos y dar media vuelta en el aire. 7) Saltar la cuerda a la pata coja en sentido longitudinal de un lado a otro. 8) Lo mismo con los pies juntos. 9) Saltar la cuerda de un lado a otro con una pierna dando media vuelta entre salto y salto. 10) Por parejas cogidos por los hombros saltar la cuerda hacia delante y hacia atrás. 11) Lo mismo dando media vuelta entre salto y salto. 12) Uno frente a otro y con las manos en los hombros del compañero dar saltos con pies juntos a un lado y otro de la cuerda. 13) Lo mismo a la pata coja.	1)  3)  5)  7)  9)  11)  13) 

14) 	14) Cada uno agarra la cuerda por una punta y uno de ellos gira sobre sí mismo liándose la cuerda por el cuerpo hasta llegar al compañero, a continuación, se deslía. 15) Lo mismo girando los dos al mismo tiempo hasta que se chocan y vuelven a desliarse.	15) 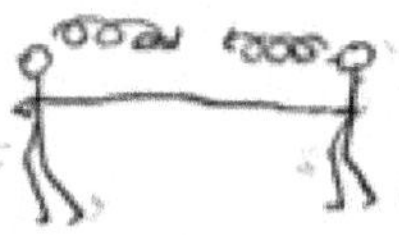
	OBJETIVO TÉCNICO	
2) 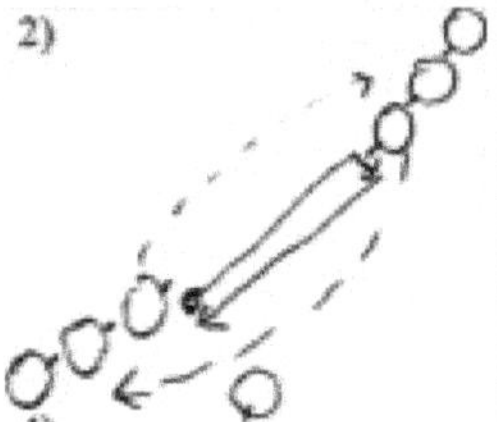 4) 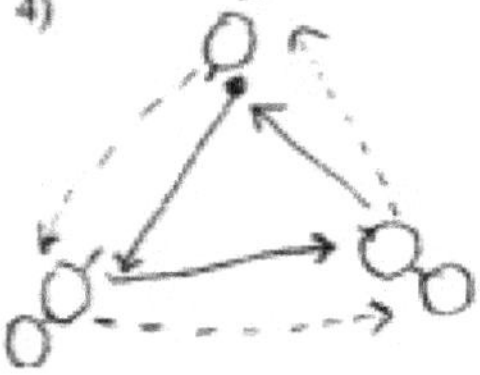 10) 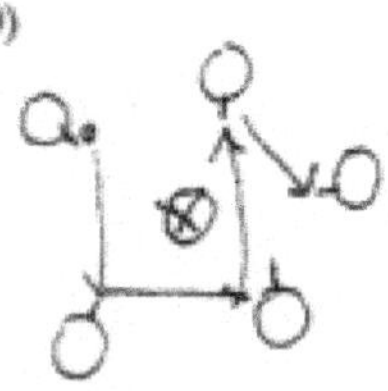	Forman grupos de 6 jugadores: Se colocan 3 y 3 unos frentes a otros según el gráfico. Estos ejercicios se pueden hacer competitivos entre los grupos de la siguiente forma: a) Qué grupo llega antes a un determinado número de toques. b) Qué grupo da más toque en un tiempo determinado. 1) Se pasan el balón con control y toque con cambio de posición. 2) Alternan control y toque con pase a la primera. 3) Pase siempre al primer toque. 4) Formando un triángulo se pasan el balón con control y toque. Al cabo de un tiempo cambian el sentido del balón. 5) Igual alternando control y pase. 6) Pase a la primera. 7) Formando un círculo pasan el balón con control y pase, situándose hacia donde dirige el balón. Se aumenta la dificultad si antes de pasar el balón dice el nombre de a quién va dirigido. 8) Lo mismo alternado control y pase. 9) Igual con pase a la primera. 10) Se hace un rondo con uno en media. Se pasa el balón a dos toques. 11) Moviéndose por un campo delimitado se pasan el balón 4x2 con límite de toques.	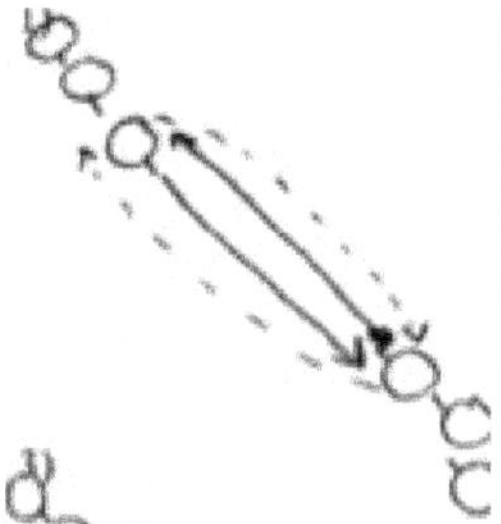 3)  5) 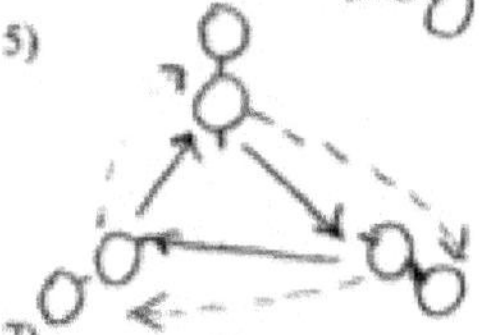 7) 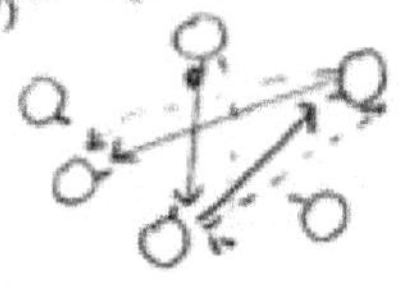 11) 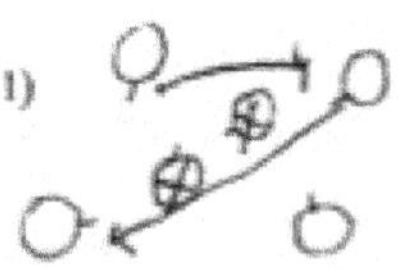
	OBJETIVO TÁCTICO	
	Insistir en el repliegue situándose, formando siempre un bloque, en los espacios por donde puedan atacar los adversarios.	

SESIÓN: 35-36	**PERIODO: 19ª Semana.**	**GRUPO: 6-7 años.**
OBJETIVOS: Físicos: Coordinación. Técnicos: Control, toque y conducción. Tácticos: Repliegues individuales y colectivos. **MATERIAL: Balones y conos.** **ORGANIZACIÓN: Circuito.**		

GRÁFICO	ANIMACIÓN	GRÁFICO
	Juego: Tú la llevas. Uno o dos jugadores llevan un peto en la mano. Persiguen a los demás y al que toca le entrega el peto y se convierte en perseguidor.	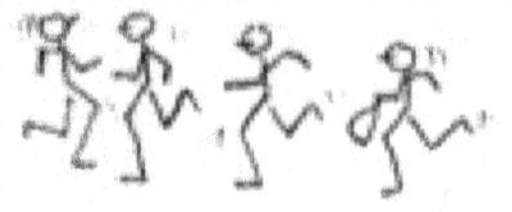
	OBJETIVO FÍSICO	
 2) 4) 6) 8) 10) 12)	Se hacen dos grupos y se colocan uno detrás de otro con un cono de referencia hacia donde deben dirigirse y volver al final del grupo. 1) Correr haciendo círculos hacia delante con los dos brazos al mismo tiempo. 2) Lo mismo realizando los círculos hacia atrás. 3) Circular los brazos hacia delante de forma alternativa como un molino. 4) Lo mismo hacia atrás. 5) Oscilar los brazos por delante alternando izquierda y derecha arriba y abajo. 6) Correr elevando las rodillas. 7) Correr llevando los talones a los glúteos. 8) Correr elevando las rodillas y haciendo círculos con los brazos hacia delante. 9) Lo mismo haciendo círculos hacia atrás. 10) Desplazarse elevando las rodillas y corriendo hacia atrás. 11) Lo mismo con círculos de brazos. 12) Hacia delante con elevación de talones y molino de brazos.	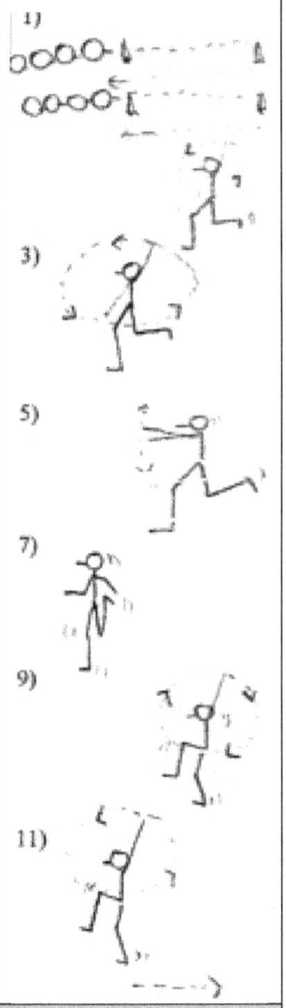 1) 3) 5) 7) 9) 11)
	OBJETIVO TÉCNICO	
	Circuito técnico con dos postas que cambian de forma sucesiva.	

2)  4)	Postas de conducción: 1) Conducir hacia el cono con ida y vuelta. 2) Conducir en slalon entre los conos. 3) Conducir en zig-zag entre los conos. 4) Conducir con autopase entre los conos.	 3) 
2)  4) 	Posta de control pase: 1) Control y pase con dos filas enfrentadas. 2) Por parejas control y pase entre los conos. 3) Control y pase entre los jugadores con ida y vuelta según el gráfico. 4) Control y pase con cambio de posición.	1)  3) 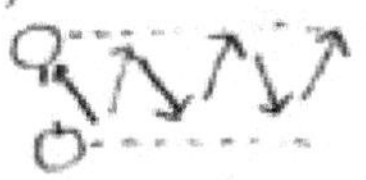
	OBJETIVO TÁCTICO	
	Seguir practicando en los partidos orientados el repliegue tanto individual como colectivo en el momento de perder el balón. Insistir en hacer los movimientos colectivos como un bloque.	

SESIÓN: 37-38	PERIODO: 20ª Semana.	GRUPO: 6-7 años.

OBJETIVOS:

Físicos: Coordinación.

Técnicos: Control y toque.

Tácticos: Repliegues individuales y colectivos.

MATERIAL: Balones, conos y petos.

ORGANIZACIÓN: Por parejas.

GRÁFICO	ANIMACIÓN	GRÁFICO
2) 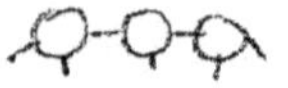 4)  6) 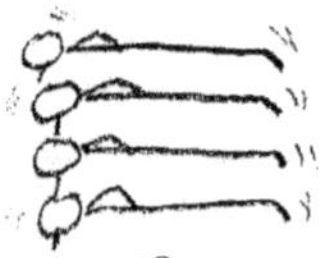 8) 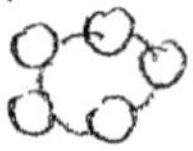	Corren por el campo y a la señal del monitor de agrupan: 1) Por parejas. 2) Por tríos. 3) Grupos de 4. 4) Grupos de 5. 5) Por parejas sentados. 6) Grupos de 4 boca abajo uno al lado de otro. 7) Por parejas sentados espalda con espalda. 8) Grupos de 5 haciendo un círculo cogidos de las manos.	1)  3) 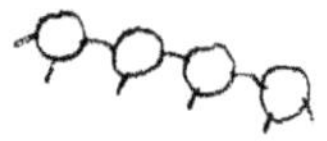 5)  7) 
	OBJETIVO FÍSICO	
2)  4) 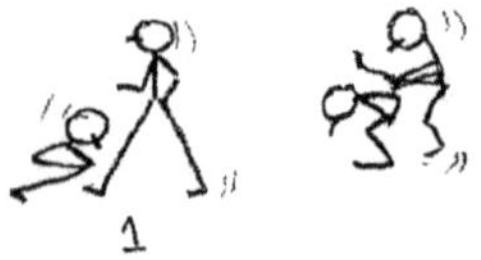 6) 	Por parejas uno frente a otro. 1) Saltan y se tocan las palmas de las manos en el punto más alto del salto. 2) Uno abre las piernas y el otro pasa por debajo y vuelve al punto de partido. Alternan las funciones. 3) Uno se agacha y el otro lo salta a pídola. 4) Uno pasa por debajo de las piernas y al volver lo salta. 5) Salto a pídola de ida y vuelta. 6) Uno en posición de tierra inclinada. Al extender los brazos el compañero pasa por debajo y al flexionarlos lo salta. 7) Uno sentado con piernas abiertas. El compañero de pie entre las piernas. Mientras el sentado abre y cierra piernas, el que está de pie salta abriendo y cerrando también las piernas.	1) 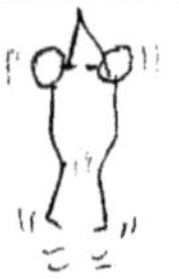 3)  5)  7) 

8) 	8) Uno en posición de tierra inclinada. Flexiona las piernas hasta meter las rodillas a la altura del pecho entre los brazos y la extiende, mientras el compañero pasa por debajo y lo salta. 9) Uno sentado con piernas extendida y apoyado con los codos. Oscila las piernas elevadas del suelo y el compañero salta con los pies juntos.	9) 
	OBJETIVO TÉCNICO	
4)  6) 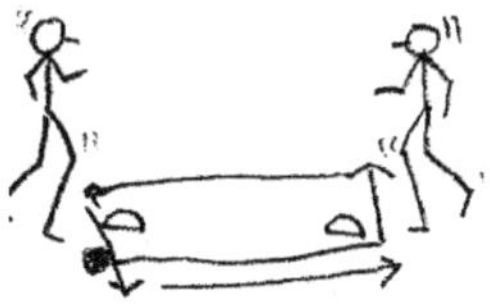	Por parejas se colocan uno frente a otro. Cada pareja dispones de dos conos que les servirá de referencia para algunos ejercicios. 1) Uno frente a oreo delante del cono se pasan el balón con control y toque. 2) Igual alternando control y toque. 3) Lo mismo al primer toque. 4) Los conos se colocan a una distancia equidistante separados de manera que se pasen el balón entre los conos como los ejercicios anteriores. 5) Uno se coloca delante del cono y el otro detrás. El que está delante la pasa al primer toque, compañero la controla detrás de pivote y la devuelve. (Se debe alternar recibir con la derecha y pasar con la izquierda y viceversa) 6) Los dos detrás del cono y pasan después de orientar el control por detrás del cono. 7) Uno se sitúa detrás de los dos conos separados unos dos metros. El compañero le pasa el balón a un lado y otro de los conos para que lo devuelva tras un control. 8) Lo mismo la devolución se hace sin control.	1) 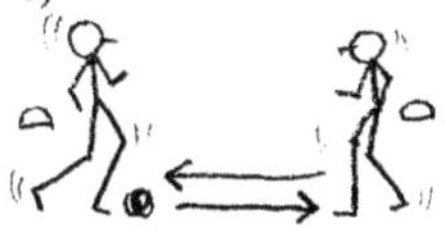 5)  7) 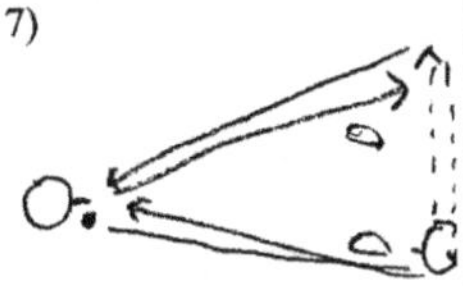
	OBJETIVO TÁCTICO	
	Recordar todos los aspectos defensivos trabajados: Orientación y distancia en el marcaje, repliegues individuales y colectivos.	

SESIÓN: 39-40	PERIODO: 21ª Semana	GRUPO: 6-7 años.
OBJETIVOS: Físicos: Coordinación con balón. Técnicos: Control, toque y conducción. Tácticos: Repliegues individuales y colectivos. **MATERIAL: Balones y conos.** **ORGANIZACIÓN: Por tríos.**		
GRÁFICO	**ANIMACIÓN**	**GRÁFICO**
	Juego: Las cuatro esquinas. Se colocan alrededor del campo tanto conos (esquinas) como tríos haya menos uno. Un trío se queda. Los otros ocupan su esquina y a la señal del monitor deben de cambiar de esquina, lo que aprovecharán los que se quedan en ocupar alguna esquina libre. Los que se quedan sin esquinas pasan a quedarse.	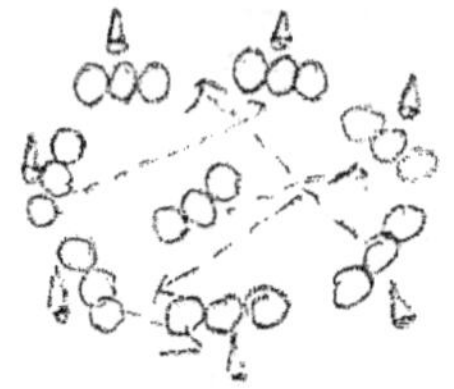
	OBJETIVO FÍSICO	
2)  6)  8)  10)  12) 14) 	Cada uno con un balón corren por el campo: 1) Llevan el balón de una mano a otra. 2) Lo botan en todas las direcciones. 3) Lo botan con la mano menos hábil. 4) Botar el balón cada vez con una mano. 5) Botar el balón con la siguiente secuencia: 1 derecha, 1 izquierda, 2 derecha, 2 izquierda, 3 derecha, 3 izquierda... 6) Botar el balón desplazándose lateralmente de un lado a otro. 7) Botar el balón corriendo hacia atrás. 8) Botar el balón pasándole las piernas por encima. 9) Lanzar el balón hacia arriba y cogerlo con las manos después de un bote. 10) Igual sin que bote, recogerlo por encima de la cabeza. 11) Igual y cogerlo lo más cerca posible del suelo. 12) Igual cogiendo el balón después de una palmada. 13) Después de dos, tres... palmadas. 14) Lanzarlo hacia arriba y recogerlo sentado. 15) Tirarlo desde sentado y recogerlo de pie.	1)  7)  9)  11)  13) 

16) 	16) Botarlo contra el suelo y recogerlo antes de que bote por segunda vez, después de dar una vuelta completa sobre si mismo.	
	OBJETIVO TÉCNICO	
2)  4)  6)  8)  10)  12)  14) 	Se colocan dos y uno según el gráfico y realizan lo siguiente: 1) Control y pase con cambio de posición. 2) Alternar control y pase con un solo toque. 3) Pasar a la primera. 4) En una dirección se conduce y en la otra se pasa a la primera. 5) Se conduce en las dos direcciones. 6) Enviar el balón con las manos teniendo en cuenta las reglas del saque de banda. 7) En una dirección se hace el saque de banda y en la otra se pasa después del control. 8) En una dirección se hace el saque de banda y en la otra se conduce después del control. 9) Colocando unos conos, conducción en slalon en una dirección y en la otra en línea recta. 10) Conducir en slalon en una dirección y pasar en la otra. 11) Conducir en las dos direcciones. 12) Colocando conos en zig-zag, conducir en una dirección entre los conos y en línea recta en la otra. 13) Conducir en zig-zag en una dirección y pasar en la otra. 14) Conducir en zig-zag en las dos direcciones.	1)  3)  5)  7)  9)  11)  13) 
	OBJETIVO TÁCTICO	
	Afianzar los conceptos fundamentales del repliegue tanto individual como colectivo. Trabajar en el partido orientados los conceptos aprendidos.	

SESIÓN: 41-42	PERIODO: 22ª Semana.	GRUPO: 6-7 años.
OBJETIVOS: Físicos: Técnica de la carrera. Técnicos: Control, toque, conducción y tiro. Tácticos: Temporizaciones defensivas. **MATERIAL: Balones, conos y petos.** **ORGANIZACIÓN: Por parejas.**		
GRÁFICO	**ANIMACIÓN**	**GRÁFICO**
2)  4)  6) 	Los jugadores corren por el campo por parejas uno detrás del otro y a la señal del monitor. 1) El de adelante se pone atrás. 2) El de atrás se pone adelante. 3) El de atrás lleva sus manos sobre el hombro del compañero y salta con los pies juntos. 4) El de atrás se desplaza saltando abriendo y cerrando las piernas. 5) El de atrás se desplaza a la pata coja. 6) Uno frente a otro y con las manos en los hombros saltan abriendo y cerrando piernas. 7) Igual saltando hacia delante y atrás.	1)  3)  5)  7) 
	OBJETIVO FÍSICO	
2)  4) 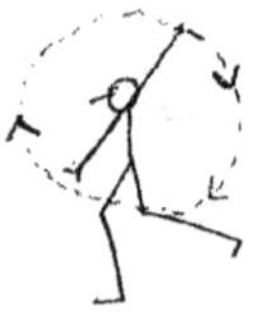 8)  10) 	Se forman dos grupos que se ponen en fila y realizan los ejercicios yendo y viniendo desde dos puntos determinados. 1) Corren haciendo círculos con los brazos hacia delante. 2) Lo mismo hacia atrás. 3) Molinos hacia delante. 4) Molinos hacia atrás. 5) Correr lateralmente adelantando la pierna derecha. 6) Igual con la izquierda. 7) Correr elevando las rodillas. 8) Correr elevando los talones hasta el glúteo. 9) Desplazarse poniendo énfasis en el movimiento correcto de los brazos hacia delante y paralelos a los hombros. 10) Dar dos pasos con cada pierna elevando las rodillas de la pierna de apoyo 11) Ir a la pata coja elevando las rodillas por delante de la pierna contraria a la de apoyo.	1)  3)  5)  7)  9)  11) 

12) 	12) Desplazarse dando 1-1 apoyo con cada pierna, 2-2 de igual manera, 3-3 y así sucesivamente. 13) Hacer movimientos rápidos de elevación de rodillas sin apenas desplazarse.	13) 
	OBJETIVO TÉCNICO	
2) 4) 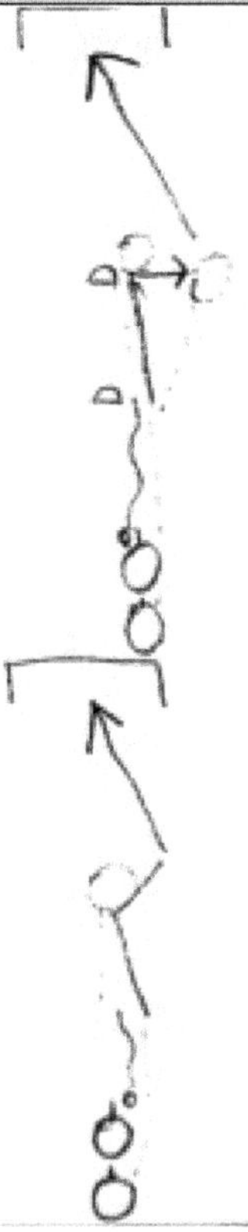	Sesión de tiros a puerta con acción previa. Los jugadores por parejas se alternan en el ejercicio a realizar. El que tira va por el balón. 1) Uno conduce y al llegar al cono para el balón pisándolo para que tire el compañero que viene por detrás. (Este ejercicio se hace desde el frontal derecho, frontal izquierdo, desde los laterales izquierdo y derecho según el gráfico. 2) Uno conduce, al llegar al primer cono para el balón, se desplaza con un cambio de ritmo hacia el cono que está más adelante para realizar una pared con el compañero que venía por detrás. (Como el anterior se hace desde distintos ángulos con respecto a la portería.) 3) El que conduce para el balón igual que el anterior y el compañero que va detrás le tiene que pasar el balón al espacio por delante para que tire a puerta. (Cambiar de ángulos) 4) El que conduce para el balón, se adelanta hacia el cono para recibir el balón que le pasa el compañero, hacer un control orientado y tirar a puerta. (Cambiar de ángulos)	1) 3) 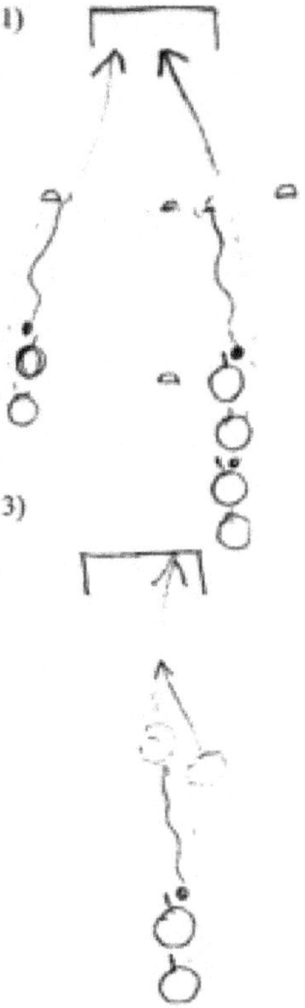
	OBJETIVO TÁCTICO	
	Enseñarles a los jugadores como deben de colocarse para hacer la entrada al poseedor del balón con las máximas posibilidades de éxito.	

SESIÓN: 43-44	PERIODO: 23ª Semana	GRUPO: 6-7 años.
OBJETIVOS: Físicos: Técnica de la carrera. Técnicos: Control, toque, conducción y tiro. Tácticos: Temporizaciones y entrada. **MATERIAL: Cuerdas, conos, aros y balones.** **ORGANIZACIÓN: Circuito y tríos.**		
GRÁFICO	**ANIMACIÓN**	**GRÁFICO**
2)  4)  6) 	Por parejas corren por el campo realizando los ejercicios siguientes: 1) Uno detrás de otro con las manos en los hombros se desplaza dando saltos con los pies juntos. 2) Igual abriendo y cerrando piernas. 3) Uno frente a otro con las manos en los hombros, saltan con pies juntos lateralmente. 4) Igual saltan adelante y atrás. 5) Igual adelantando y atrasando las piernas. 6) Igual elevando las rodillas. 7) Igual con talones a los glúteos.	1)  3)  5)  7) 
	OBJETIVO FÍSICO	
b)  d)  b)  d) 	Circuito de factores de la velocidad con dos recorridos y 4 potas cada uno. 1) Recorrido. a) Saltar con pies juntos los conos. b) Saltar de aro en aro con una pierna cada vez. c) Entre las dos primeras cuerdas elevar rodillas, las dos siguientes, talones por detrás, las dos siguientes rodillas y las dos últimas, talones. d) Ampliar zancadas entre las cuerdas. 2) Recorrido. a) Saltar con pies juntos los aros que cada vez están más separados. b) Juntar y separar piernas. c) Entre las dos primeras cuerdas hacer frecuencia de zancadas, entre las otras dos normas y entre las últimas, frecuencia de zancadas.	a)  c)  a)  c) 

	OBJETIVO TÉCNICO	
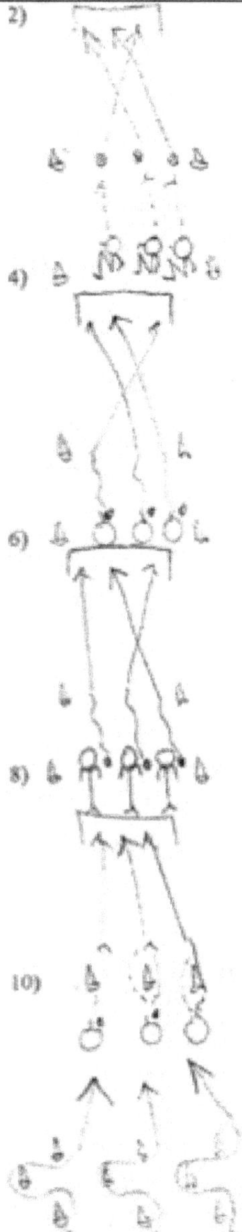 2) 4) 6) 8) 10)	Los jugadores se ponen por tríos con un balón cada uno. Ejercicios competitivos entre los componentes del trío. Gana el que haga gol antes, respetando las reglas. Se colocan frente a la portería según el gráfico y a la señal del monitor: 1) Corren hacia el balón y tiran a puerta. 2) Desde sentado se dirigen al balón. 3) Boca abajo. 4) Conduciendo el balón desde el punto de partida, tiran entre los conos. 5) Desde sentados, conducen y tiran. 6) Desde boca abajo, conducen y tiran. 7) De espalda a la portería controlan el balón que les pasa los compañeros que esperan el turno, conducen y tiran. 8) Conducen, auto-pase en el cono, conducen y tiran. 9) Conducen, slalon y tiro. 10) Conducen, zig-zag y tiro.	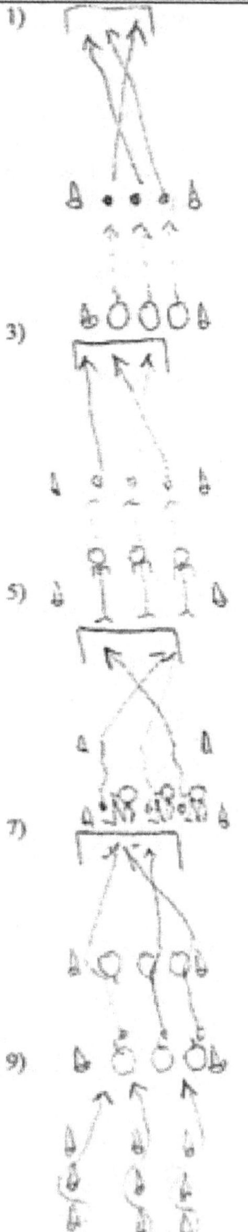 1) 3) 5) 7) 9)
	OBJETIVO TÁCTICO	
	Recordar lo practicado en las sesiones anteriores.	

SESIÓN: 45-46	PERIODO: 24ª Semana.	GRUPO: 6-7años.

OBJETIVOS:
Físicos: Acondicionamiento general
Técnicos: Repaso fundamentos.
Tácticos: Movimientos del equipo en función del balón.
MATERIAL: Balones y conos y petos.
ORGANIZACIÓN: Por parejas y grupos.

GRÁFICO	ANIMACIÓN	GRÁFICO
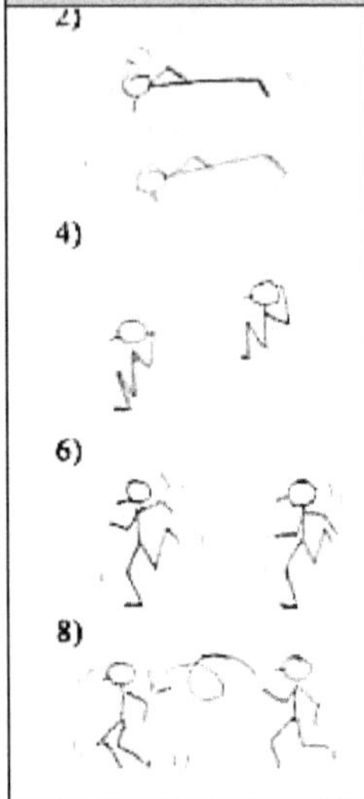 2) 4) 6) 8)	Corren por el campo y a la señal del monitor: 1) Se sientan. 2) Boca abajo. 3) Boca arriba. 4) Se sientan con las manos en la cabeza y se levantan sin quitársela. 5) Elevando las rodillas. 6) Elevando los talones. 7) Saltando y caer semi-flexionados. 8) Saltar y girar.	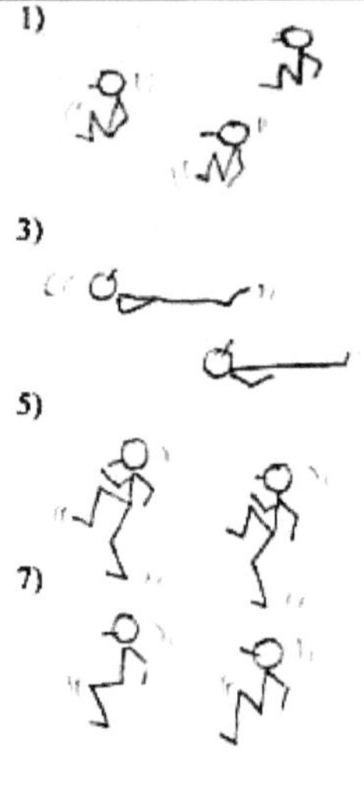 1) 3) 5) 7)
	OBJETIVO FÍSICO	
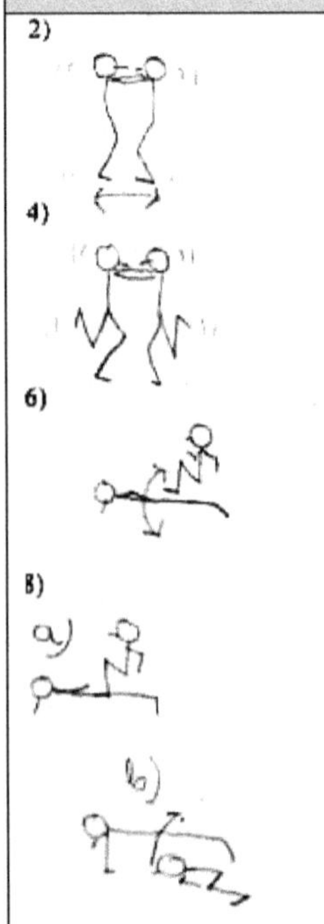 2) 4) 6) 8) a) b)	Los jugadores se ponen por parejas: 1) Enfrentados y con las manos en los hombros saltan lateralmente con los pies juntos. 2) Igual hacia delante y hacia atrás. 3) Elevan rodillas. 4) Elevan talones. 5) Pasar continuamente y de forma sucesiva por debajo de las piernas del compañero. 6) Uno boca abajo y el otro lo salta con los pies juntos. 7) Igual a la pata coja. 8) Uno boca abajo y el compañero lo salta, se pone en posición de tierra inclinada y el compañero pasa por debajo de forma alternativa. 9) Boca arriba con piernas flexionadas, el compañero lo salta a la altura de las rodillas.	 1) 3) 5) 7) 9)

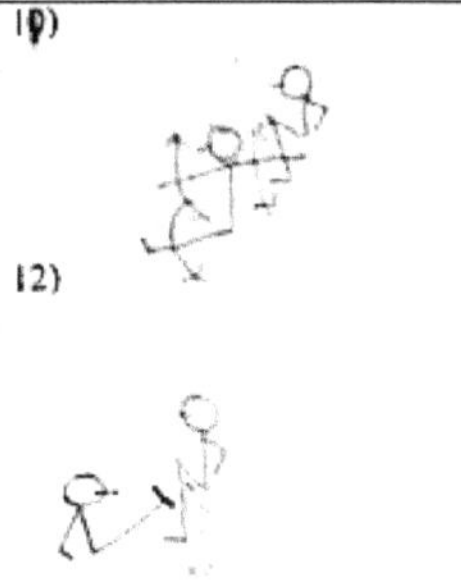 10) 12)	10) En posición de tierra inclinada el compañero pasa por debajo, flexiona las piernas y se agrupo y el compañero lo salta. 11) Sentado con los brazos en cruz y piernas juntas y extendidas, el compañero salta las piernas y los brazos en cruz. 12) Sentado con piernas abiertas y el compañero de pie entre ellas.; abrir y cerrar piernas mientras el compañero salta abriendo y cerrando piernas. 13) Sentado con las piernas extendidas y un poco elevadas, oscilar las piernas de un lado a otro mientras el compañero salta.	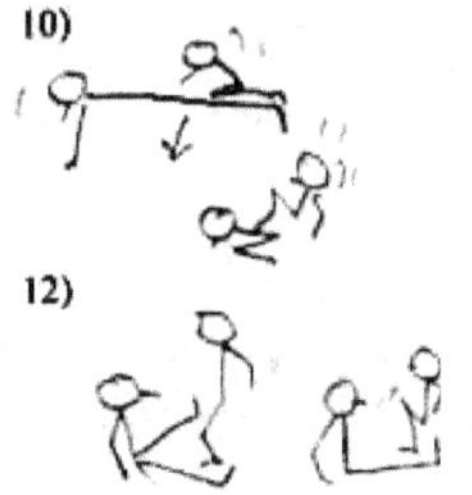 10) 12)
	OBJETIVO TÉCNICO	
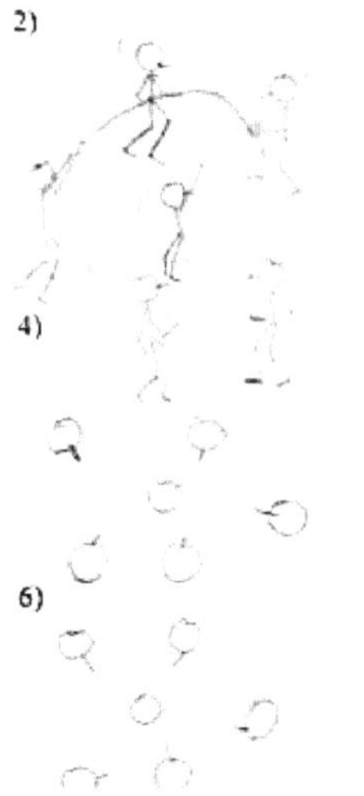 2) 4) 6)	Se hacen equipos de 6 jugadores para realizar los siguientes juegos: 5x1 1) Forman un círculo con uno en medio que la queda. Los jugadores se pasan el balón con las manos sin que caiga al suelo ni intercepte el que la queda. 2) Igual utilizando las manos para controlar y los pies para pasar de volea. 3) Lo mismo teniendo que controlar el balón con cualquier parte reglamentaria antes de cogerlo con las manos. 4) Lo mismo con el pie, teniendo como máximo tres toques para pasar. 5) Lo mismo con juego de cabeza. Se puede utilizar las manos para coger el balón y elevarlo para pasar. 6) Lo mismo alternando pasar con las manos y cabecear. 4x2. 1) Cuatro jugadores se pasan el balón con las manos contra dos que tratan de quitarles el balón. Se va salvando el que más tiempo lleve quedándose. 2) El balón en las manos y tienen que pasarlo con los pies. Se utilizan las manos para controlar y los pies para pasar. El balón puede dar un bote en el suelo. 3) Igual realizando el control con cualquier parte reglamentaria antes de coger el balón con las manos. 4) Igual pasando el balón con la cabeza. 5) Pasar el balón con el pie, teniendo como máximo tres toques.	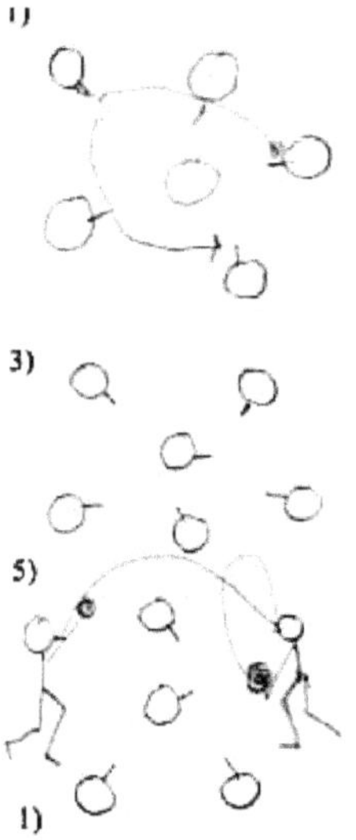 1) 3) 5) 1)
	OBJETIVO TÁCTICO	
	Repliegues y temporizacioes.	

SESIÓN: 47-48	PERIODO: 25ª Semana.	GRUPO: 6-7 años.

OBJETIVOS:

Físicos: Acondicionamiento general.
Técnicos: Repaso de fundamentos.
Tácticos: Cambios de orientación.

MATERIAL: Balones, conos y petos.

ORGANIZACIÓN: Por tríos y equipos.

GRÁFICO	ANIMACIÓN	GRÁFICO
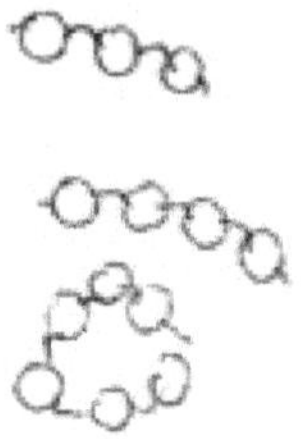	Los jugadores corren por el campo y a la señal del monitor hacen lo siguiente: 1) Se ponen por parejas. 2) Se ponen por tríos. 3) Por parejas sentados uno al lado de otro. 4) En grupos de cuatro. 5) Por tríos boca abajo. 6) En grupos de 6 formando un corro. 7) Todas las variantes posibles...	
	OBJETIVO FÍSICO	
	Por tríos corriendo uno detrás de otro y a la señal del monitor: 1) El primero se pone último dando media vuelta. 2) Igual corriendo de espalda. 3) Corriendo lateralmente. 4) El último se pone primero. 5) Igual corriendo de espalda. 6) Corriendo lateralmente. Se paran y estando uno detrás de otro: 1) Pasan se forma sucesiva por debajo de las piernas. 2) Separándose un poco pasan en slalon. 3) Girando alrededor de cada uno. Uno se pone boca abajo. 1) los otros dos lo saltan con pies juntos lateralmente. 2) Lo saltan a la pata coja. 3) Lo saltan hacia delante y atrás. 4) Uno hace la carretilla y los otros lo cogen cada uno de una pierna. 5) Uno lo coge de los brazos y otro de las piernas y lo balancean.	

6) 	6) Uno se queda firme y los otros dos lo empujan de un lado a otro sin que caiga.	
	OBJETIVO TÉCNICO	
B) 	Se hacen dos grupos y en campos diferentes realizan los siguientes juegos. Teniendo en cuenta de cambiar de campo a los dos grupos. A) Juegan 3x3 con porterías de 12 metros. Los jugadores se pasan el balón con la oposición de los contrarios. Para hacer gol válido hay que pasar entre las porterías conduciendo el balón y detenerlo como máximo un metro después de la línea de gol. B) Juegan 3x3 pasándose el balón con las manos. Hace un gol el equipo que se la pase 6 veces seguida sin que caiga al suelo. C) Pasando el balón con los pies el gol se consigue cuando lo pasan 5 veces seguidas.	A) 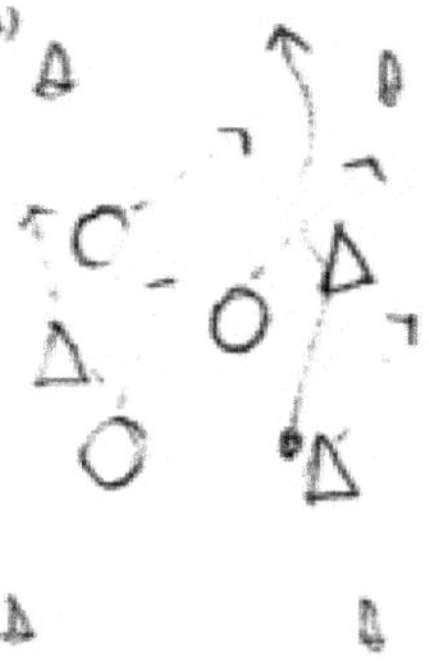 C) 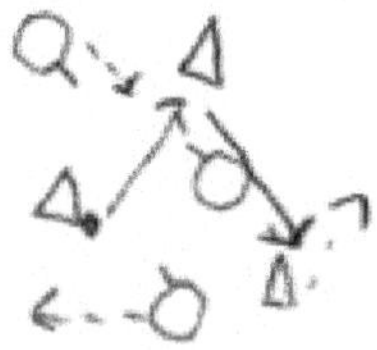
	OBJETIVO TÁCTICO	
	El cambio de orientación consiste en jugar el balón hacia la banda contraria de donde viene jugado. Un balón que ha sido jugado por dos o más jugadores en una banda, atrae hacia ese lugar a los jugadores adversarios, por lo que se produce aglomeración. Un balón lanzado hacia la otra banda puede encontrar espacios libres para realizar un ataque más eficaz. En el aspecto defensivo también hay que utilizarlo. Despejar el balón hacia el lado contrario de donde procede puede acarrear menos peligro en nuestra portería y ser un primer paso para un buen contraataque.	

SESIÓN: 49-50	PERIODO: 26ª Semana.	GRUPO: 6-7 años.
OBJETIVOS: Físicos: Condicionamiento general. Técnicos: Repaso de fundamentos. Tácticos: Cambios de orientación y espacios libres. **MATERIAL: Balones, conos y petos.** **ORGANIZACIÓN: Por grupos.**		
GRÁFICO	**ANIMACIÓN**	**GRÁFICO**
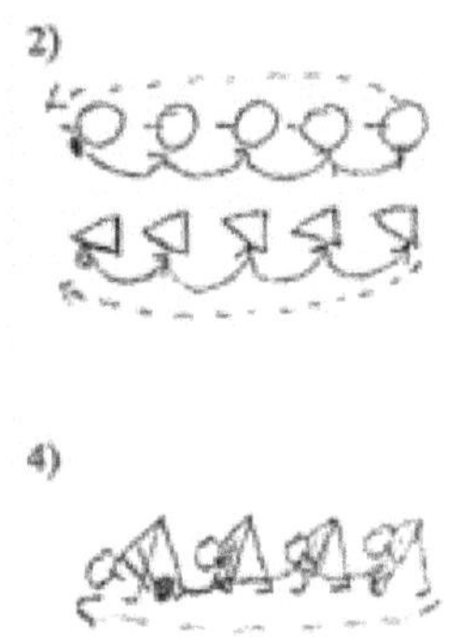 2) 4)	Se hacen dos equipos y se colocan los jugadores de cada equipo unos detrás de otros con un cono como referencia. 1) Con los jugadores de pie. El primero de la fila pasa el balón por su derecha al de atrás y así hasta el último. Éste coge el balón y corre hasta ponerse primero e iniciar de nuevo el ejercicio. El juego termina cuando el que estaba primero vuelve a la misma posición. 2) Igual pasando el balón por la izquierda. 3) Pasando el balón con las dos manos por encima de la cabeza. 4) Pasando el balón entre las piernas. 5) Con los jugadores sentados se repiten tres de los ejercicios anteriores.	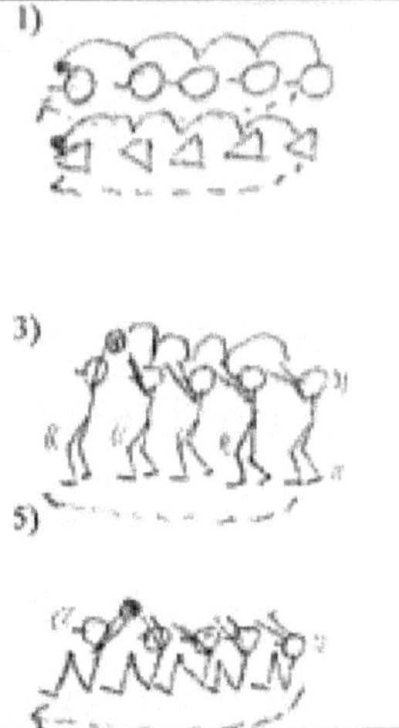 1) 3) 5)
	OBJETIVO FÍSICO	
 2) 4) 6) 8) 10)	Con la misma disposición que en los juegos anteriores, realizan carreras de relevos. El primero corre hasta un cono que está a unos 10-12 metros, vuelve y entrega el balón al segundo y así sucesivamente. Gana el equipo que el último llegue antes al punto de partida. Los que hayan terminado de correr deben sentarse al final de la fila, para evitar confusión a la hora de dar un ganador. 1) Correr con el balón en las manos. 2) Correr con el balón en las manos de frente la ida y de espalda la vuelta. 3) Correr la ida y vuelta de espalda. 4) Correr con el balón encima de la cabeza. 5) Igual, la ida de frente y la vuelta de espalda. 6) Igual, ida y vuelta de espalda. 7) Correr con el balón en la espalda. 8) Igual, la ida normal y la vuelta de espalda. 9) Igual, ida y vuelta de espalda. 10) Correr botando el balón la ida y con el balón en las manos la vuelta.	 1) 3) 5) 7) 9)

	OBJETIVO TÉCNICO	
2)  4)  6) 	Con los dos equipos anteriores se hace de forma competitiva los ejercicios siguientes: 1) Conducen el balón hasta el cono, lo para y lo pasa al jugador siguiente. 2) Conducción de ida y vuelta. 3) Conducción en slalon entre los conos y pasar al llegar al otro lado. 4) Conducción en slalon de ida y vuelta. 5) Enfrentado en dos mitades que grupo da antes 30 toques. 6) Enfrentados en dos mitades desde un lado se pasa el balón con las manos y desde el otro de cabeza. (Gana el que antes llegue a 20 toques de cabeza) 7) Igual que el anterior, lo pasan de cabeza echándose ellos mismo el balón hacia arriba con las manos.	1) 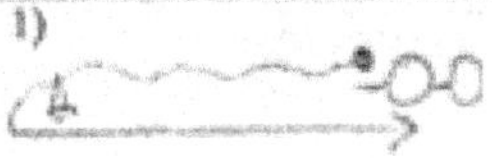 3) 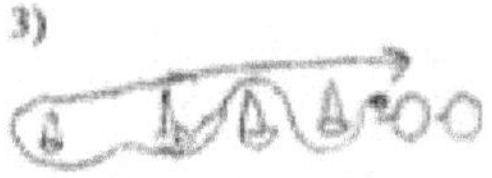 5) 7) 
	OBJETIVO TÁCTICO	
	Así como en defensa hay que estar muy junto reduciendo los espacios para que no entre el rival. En ataque tenemos que hacerlo con espacios amplios por donde poder acercarnos a la portería del adversario. Para crear espacios hay que abrir mucho el ataque y saberse mover con inteligencia arrastrando a los jugadores contrarios hacia espacios que nos convengan. En los espacios libres hay tres fases: a) Creación que consiste en el movimiento del atacante para arrastrar al adversario que lo marca. b) Ocupación por parte del compañero que arrastra, al contrario. c) Aprovechamiento que consiste en pasar el balón al jugador que ocupó el espacio.	

SESIÓN: 51-52	PERIODO: 27ª Semana.	GRUPO: 6-7 años.
OBJETIVOS: Físicos: Acondicionamiento general. Técnicos: Repaso fundamentos técnicos. Tácticos: Espacios libres. **MATERIAL: Aros, conos, cuerdas y balones.** **ORGANIZACIÓN: Circuito.**		
GRÁFICO	**ANIMACIÓN**	**GRÁFICO**
	Juego: La piraña.	
	OBJETIVO FÍSICO	
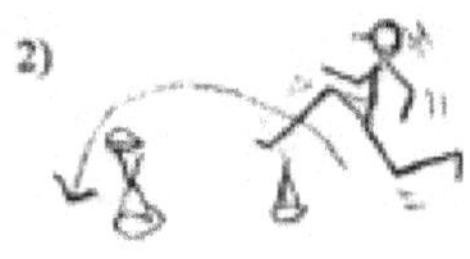    2) 4) 2) 4)	Circuitos de carreras con dos recorridos con cuatro postas cada una. Recorrido1. 1ª Posta: Correr en slalon entre los conos. 2ª Posta: Saltar entre los conos tumbados. 3ª Posta: Correr hacia delante y hacia atrás de un cono a otro. 4ª Posta: Correr lateralmente de un cono a otro. Recorrido 2. 1ª Posta: Correr en zig-zag entre los conos. 2ª Posta: Dar las menos zancadas posibles entre las cuerdas. 3ª Posta: Saltar con los pies juntos desde el interior de los aros. 4ª Posta: Saltar la comba.	   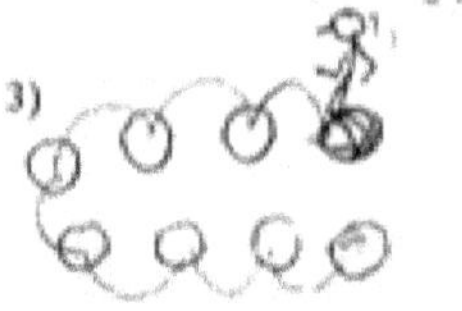 1) 3) 1) 3)
	OBJETIVO TÉCNICO	
	Juego contra una portería. Participantes: 6 jugadores. 2x2+ 2 comodines. Cada cierto tiempo cambian las funciones de los comodines. Dos jugadores tratan de hacer gol en la portería con la oposición de otros dos. Los jugadores atacantes cuentan con la ayuda de dos comodines que se sitúan fuera de una zona señalada con conos que no podrán tirar a puerta. Cuando los jugadores que defienden pierden el balón, para poder tirar a puerta tienen que pasar el balón a algunos de los comodines.	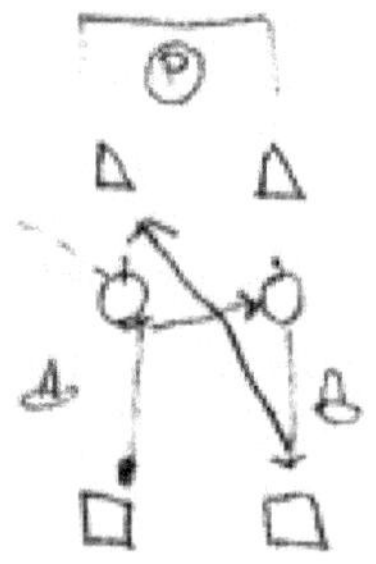
	OBJETIVO TÁCTICO	
	Insistir en los puntos tratados con anterioridad.	

SESIÓN: 53-54	PERIODO: 28ª Semana	GRUPO: 6-7 años.
OBJETIVOS: Físicos: Carreras. Técnicos: Repaso de fundamentos técnicos. Tácticos: Espacios libres. **MATERIAL: Balones, conos y petos.** **ORGANIZACIÓN: Por grupos.**		
GRÁFICO	**ANIMACIÓN**	**GRÁFICO**
	Juego: Las cuatro esquinas.	
	OBJETIVO FÍSICO	
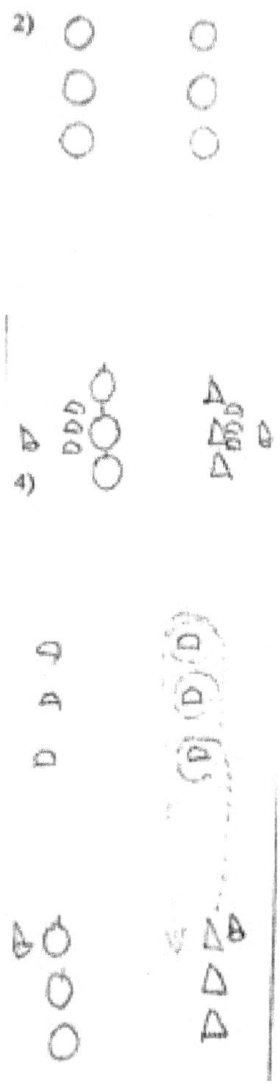 2) 4)	Se hacen dos equipos. Se colocan según el gráfico para realizar diversas carreras: 1) El primer jugador tiene tres conos pequeños que debe llevar de uno en uno al interior de los aros que están colocados de más cerca de más lejos. El segundo jugador hará a la inversa, recogerá conos y los llevará a la línea de salida y así sucesivamente. 2) Lo mismo, realizando la carrera de ida hacia delante y la vuelta hacia atrás... 3) El primero de la fila correrá hasta el cono y al volver se le unirá el segundo jugador, los dos harán el recorrido juntos. A la vuelta se le unirá el tercero y el primero se queda en la línea de salida y así sucesivamente. 4) Cada jugador correrá realizando un giro en cada uno de los tres conos que hay en el recorrido. 5) Saldrá el primer jugador y correrá hasta el cono dándole la vuelta. Al volver se le unirá el segundo que harán lo mismo; a continuación, se les irán uniendo el resto de los compañeros.	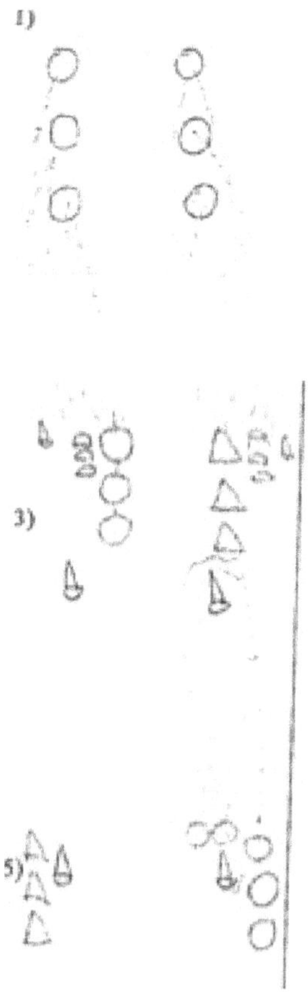 1) 3) 5)
	OBJETIVO TÉCNICO	
	Juego de posición de balón: Juego número 1. Nº jugadores: 6	

	El campo está dividido en tres zonas según el gráfico. En la zona central 2x2 jugadores se pasan el balón tratando de hacerlo llegar a un tercer jugador que está situado cada uno en las dos zonas restantes. Estos jugadores pertenecen cada una a unas de las parejas. Se conseguirá un punto cada vez que el balón llegue al jugador correspondiente. Juego número 2. Nº jugadores: 6. El campo tendrá dos porterías de 12 metros. Jugarán 3x3 que tratarán de pasar con el balón controlado por la línea de gol con la oposición de los adversarios. Para que el gol sea válido el jugador debe parar el balón después de la línea con un margen de un metro.	
	OBJETIVO TÁCTICO	
	Insistir en lo tratado con anterioridad.	

www.ingramcontent.com/pod-product-compliance
Lightning Source LLC
LaVergne TN
LVHW061937220826
846092LV00004B/1027

* 9 7 8 8 4 9 9 9 3 9 2 3 0 *